Anderson Clayton F. T. Tavares

Massoneria e protestantesimo nell'Amazzonia di fine Ottocento

Anderson Clayton F. T. Tavares

Massoneria e protestantesimo nell'Amazzonia di fine Ottocento

ScienciaScripts

This book is a translation from the original published under ISBN 978-613-9-70674-7.

Publisher:
Sciencia Scripts
is a trademark of
Dodo Books Indian Ocean Ltd. and OmniScriptum S.R.L publishing group

120 High Road, East Finchley, London, N2 9ED, United Kingdom
Str. Armeneasca 28/1, office 1, Chisinau MD-2012, Republic of Moldova, Europe
Printed at: see last page
ISBN: 978-620-7-23526-1

Sintesi

Questo lavoro si basa sull'osservazione e sulla raccolta di dati provenienti da analisi bibliografiche e documentarie, come riviste e giornali del XIX secolo, che abbiamo utilizzato per capire come si è svolto il processo di allontanamento tra la Chiesa protestante e la Massoneria nella provincia di Grão-Pará, visto che nel XIX secolo esisteva un'alleanza massonico-protestante rafforzata dalla logica liberale che sovvenzionava il rafforzamento del protestantesimo nella regione e decapitalizzava simbolicamente la Chiesa cattolica, generando una serie di conflitti, tra cui la questione religiosa responsabile dell'incarcerazione di due importanti leader del cattolicesimo nazionale, il vescovo di Olinda e il vescovo di Grão-Pará; il tema di questo libro è direttamente collegato al successo sperimentato dalla Massoneria nel XIX secolo nella provincia di Grão-Pará, che fu in grado di aiutare l'Ordine massonico ad attuare la sua proposta liberale. La Chiesa cattolica, in quanto detentrice del capitale religioso, cercò in molti modi di decapitalizzare l'ordine massonico, indebolendolo attraverso interventi su giornali e riviste, nel tentativo di screditare gli interessi massonici in Brasile, facendo sì che l'ordine massonico venisse demonizzato e degradato al livello di "zerbino di Satana".

---

[2] Laureato in Storia presso l'ESMAC (Escola Superior Madre Celeste), in Filosofia presso l'UFPA, in Teologia presso la Faculdade de Teologia Hokemah (FATEH). Studente di Master nel Programma di Specializzazione in Scienze Religiose - PPGCR - presso l'Università Statale del Pará - UEPA: Linea: Movimenti e istituzioni religiose. Email: cyber_aec.com@hotmail.com

INTRODUZIONE

Il Brasile è un Paese di proporzioni gigantesche e pieno di misteri da chiarire, tra cui la stretta relazione tra massoneria e protestanti nel XIX secolo, gestita tra l'altro per vari motivi politici e religiosi. Sul rapporto massoneria-protestanti nel XIX secolo è stato scritto molto poco. Sulla piattaforma Capes sono catalogate solo centodiciannove opere, di cui ottantanove sono dissertazioni e solo trenta tesi sulla Massoneria. Da allora, uno iato di dubbi ha favorito il processo di disinformazione sociale che ha proiettato una visione distorta dell'ordine massonico nel senso comune, che non tiene conto del suo contributo sociale, che ha contribuito all'affermazione dello Stato laico e delle idee repubblicane.

La Massoneria fu importante nell'implementazione dei nuovi valori sociali, in quanto portavoce dei settori anticlericali che anelavano alla laicità, alla separazione tra Stato e Chiesa, in grado di annullare storicamente la responsabilità che il governo si era assunto con il mantenimento della Chiesa cattolica, che assegnava allo Stato il pagamento degli stipendi dei sacerdoti, la riforma delle chiese, tra le altre responsabilità salvaguardate dalla Costituzione del 1824 che faceva della Chiesa cattolica la religione ufficiale del Paese. Ricercatori come David Gueiros Vieira si sono sforzati di comprendere la relazione tra la Massoneria e i protestanti e le controversie con la Chiesa cattolica che sono nate da questo coinvolgimento. Attraverso la ricerca di (VIEIRA, 1929, p.279) possiamo comprendere il tripode di Massoneria, Protestanti e Cattolici che ha fatto parte della formazione del Brasile nel XIX secolo.

Il XIX secolo è stato piuttosto emblematico in Brasile, in quanto i cambiamenti politici ed economici internazionali hanno alterato valori sociali profondamente radicati. Le idee liberali che arrivarono in Brasile si confrontarono direttamente con gli ideali dominanti, nonostante la specificità del liberalismo brasiliano, che si differenziava fortemente dal liberalismo classico, difeso da figure illuministe del XVIII secolo come John Locke e Montesquieu; intellettuali che credevano nell'esistenza di diritti naturali e leggi fondamentali che, se superate, sarebbero diventate tiranniche.

I principali rappresentanti del liberalismo in Brasile erano legati all'economia di esportazione e importazione, proprietari di grandi appezzamenti di terreno, così come schiavi interessati a mantenere la struttura tradizionale della produzione, ad avere libertà nella negoziazione commerciale, a staccarsi dal dominio del Portogallo per esercitare meglio le loro attività - questo era il liberalismo maggioritario che si sviluppò nel nostro Paese. Anche se il modello liberale brasiliano non contemplava pienamente l'individuo e andava contro la logica liberale classica, si confrontava comunque con la struttura sociale stabilita, generando molti scompensi. L'espressione di Karl Marx nel Manifesto Comunista "tutto ciò che è solido cade a pezzi nell'aria" può essere utilizzata per comprendere le trasformazioni sociali che hanno avuto luogo in quella società e che hanno portato a un forte logoramento del binomio trono-altare stabilito in Brasile dal periodo coloniale in poi. È possibile constatare che nel XIX secolo ci fu una disputa ideologica tra cattolicesimo e massoneria, che ruppe la frontiera simbolica, assumendo la forma di accuse, violenze, persecuzioni e altre azioni. Si instaurò una vera e propria lotta politica, religiosa e sociale tra conservatori e liberali che si infiltrarono nella società; c'erano cattolici liberali e massoni conservatori, il che dimostrava un pluralismo di idee nel XIX secolo. I due gruppi erano in competizione per dirigere la società brasiliana secondo le loro visioni del mondo, entrambi erano disposti a combattere e non misuravano le loro forze per realizzare i loro progetti. Gli ideali liberali, che difendevano una società svincolata dal controllo religioso e che lottavano per uno Stato laico, razionalista e moderno che si muovesse verso il progresso, erano rappresentati in grande maggioranza dai massoni, anche se c'erano altri difensori; i massoni, essendo infiltrati nella politica e in altre aree decisionali importanti, causarono grandi problemi ai conservatori.

I conservatori, in grande maggioranza cattolici, ma che comprendevano anche alcuni massoni, noti come massoni gesuiti, non volevano perdere spazio o potere. I conservatori si rendevano conto che la vecchia struttura sociale era minacciata; poiché la maggior parte dei conservatori era legata alla Chiesa cattolica e il cattolicesimo aveva un capitale simbolico acquisito storicamente in Brasile, non era difficile decapitalizzare gli avversari e difendere le concezioni ideologiche che favorivano gli ideali conservatori (BOURDIEU, 1998, p.12).

Una nota del giornale cattolico conservatore "A Boa Nova" (La Buona Novella), datata 12 ottobre 1802, mostra la complessità della configurazione sociale nel mezzo di cambiamenti ideologici che minacciavano le tradizioni; possiamo vedere che c'erano cattolici liberali e massoni conservatori, oltre ad altre convinzioni ideologiche. I rappresentanti di maggioranza di questo braccio di ferro tra liberali e conservatori erano senza dubbio

erano rappresentati dai massoni e dai cattolici che, in molti episodi riportati dai giornali, si accusavano e sminuivano reciprocamente, come possiamo analizzare nelle informazioni che seguono.

> Saremmo propensi a credere che il Pellicano sia davvero ben informato, e che siano stati i gesuiti a causare tali spiacevoli scene: Esistono due classi di massoni e massoni gesuiti: i primi sono i disillusi, i razionalisti, gli atei; i secondi sono gli ingenui, che sono ancora legati alla tradizione e vogliono aggrapparsi a certe credenze positive. È probabile che i massoni di questa seconda classe siano stati quelli che hanno impugnato le loro mazze per impedire l'elezione di Saldanha Marinho, il capo del repubblicanesimo in Brasile, e che ora intende giocare con la massoneria per rovesciare la monarchia brasiliana e distruggere la nostra bella nazionalità fondata qui sull'alleanza del trono e dell'altare[2] .

La massoneria divenne una minaccia per gli scopi cattolici legati a Roma e molte encicliche papali cercarono di stabilire l'ordine massonico come nemico del cattolicesimo, perché portava in sé gli ideali liberali stabiliti dalla Rivoluzione francese e difesi nel 1790 dalla Dichiarazione universale dei diritti dell'uomo e del cittadino, che rendeva sacro e inalienabile il diritto all'uguaglianza, alla libertà, tra le altre garanzie dell'individuo, che si confrontava direttamente con il dominio della chiesa; Questi diritti si tradussero in molte forme di libertà, come l'autonomia di opinione, la sovranità della coscienza e del culto, tra le altre emancipazioni che raggiunsero la stampa, convalidando altri modi di pensare che competevano con il potere cattolico.

La stessa Massoneria che ha agito direttamente nella lotta contro la schiavitù in Pará e in Brasile nel XIX secolo, attraverso intellettuali e altri, analizzati da (MONTEIRO, 2016, p.95) è stata "squalificata" attraverso molte encicliche romane, che hanno contribuito alla svalutazione e al discredito dell'ordine massonico presso una parte significativa del popolo. La Massoneria divenne un "nemico" mondiale per la Chiesa cattolica, e molte bolle papali furono prodotte nel tentativo di impedire ai cattolici di diventare massoni. *Nell'*aprile del 1738, Papa Clemente XII scrisse l'enciclica "*In eminenti apostolatus specula*", una bolla con numerose condanne della Massoneria, che fu l'inizio di molti altri documenti che sarebbero stati prodotti in seguito da vari papi per impedire il rafforzamento dell'ordine massonico mondiale.

Papa Benedetto XIV, che si fece notare anche in questa storica lotta contro la Massoneria, emanò la bolla "*Provida Romanorum Pontificum*" in cui condannava l'ordine, ritenendo che nascondesse minacce dovute alla sua natura segreta, ai suoi segreti e ai giuramenti condivisi. La massoneria era vista dai papi cattolici come una minaccia per l'ordine sociale. Ci furono molti tentativi ecclesiastici guidati da papi importanti per fermare la crescita e lo sviluppo della Massoneria. Alcuni papi si distinsero in questa missione contro l'ordine, tra cui Papa Gregorio XVI, che nel 1832 organizzò l'enciclica "Mirari Vos" e combatté alcune libertà attribuite al liberalismo, che tra l'altro portava con sé il desiderio di separazione tra Stato e Chiesa, difeso da gran parte dei massoni.

Nel 1864, Pio IX, con l'enciclica "Quanta Cura", rafforzò ulteriormente le idee di Gregorio XVI, condannando con forza il liberalismo e la massoneria. Il ciclo di bolle papali contro l'ordine massonico fu completato da Papa Leone XIII, che *nel* 1884 pubblicò l'enciclica "*Humanun Genus*", nella quale stabilì un profondo legame tra la massoneria e i demoni, il che richiese un enorme esercizio teologico basato sugli scritti di Sant'Agostino, più precisamente "*Città di Dio*", rivelando che le cose della terra legate al diavolo erano comandate dai massoni, ma tutto ciò che era legato a Dio apparteneva alla Chiesa cattolica, il tutto con la funzione di "screditare" l'ordine dei liberi muratori[3].

Bolle, encicliche, lettere e altri documenti contro la massoneria e il liberalismo furono presentati in numero crescente alla società, mentre

---

[3] Il termine con cui i massoni sono anche conosciuti

un'espressività anticlericale si sviluppava in Europa e cominciava a riflettersi in Brasile nel XIX secolo, minacciando il dominio e il controllo cattolico e indebolendo sempre più il legame tra il trono e l'altare. La nuova configurazione stava minando il legame tra Stato e Chiesa, rendendolo arcaico. La Chiesa cattolica era quindi attrezzata per combattere gli avversari e recuperare il proprio prestigio.

> La terra è stata infettata dai suoi abitanti, perché hanno trasgredito le leggi, cambiato la legge, rotto l'alleanza eterna. [...] La santità delle cose sacre è sminuita [...]. È con questi mezzi che si corrompe la santa dottrina e si diffondono audacemente errori di ogni genere.[4]

Nel panorama religioso, c'è un gruppo dominante che sfrutta il capitale simbolico e non permette ad altri gruppi di dirottare le risorse acquisite attraverso questo capitale. Questi gruppi simbolicamente capitalizzati cercano di rimanere al potere ad ogni costo, utilizzando le strategie più diverse per escludere i nuovi arrivati; creano e sviluppano discorsi nel tentativo di perpetuarsi nel potere e di dominare il campo che controllano (BOURDIEU, 2007, p.57). Questi aspetti affrontati da Pierre Bourdieu saranno visti nell'intensa relazione tra massoneria, cattolicesimo e protestantesimo all'inizio del XIX secolo nella regione amazzonica di produzione della gomma, che era già un importante centro commerciale nazionale e internazionale grazie al potere del caucciù, che ha inaugurato la "Belle Époque" del Pará.

La Chiesa cattolica sfruttò a lungo il mercato religioso senza alcuna concorrenza intimidatoria, godendo di una partnership con lo Stato, ma non appena arrivò la famiglia reale portoghese nel 1808, le interferenze cominciarono a mettere in pericolo questo accordo. La colonia divenne una metropoli provvisoria, articolando una nuova matrice, che aprì i suoi porti non solo all'ingresso di merci, ma anche a nuove idee. Nel 1810 il Portogallo firmò un accordo di amicizia con l'Inghilterra, in cui si stabiliva che gli stranieri erano liberi di praticare la loro religione nelle proprie case, con alcune restrizioni: non potevano costruire templi, non potevano praticare il culto in una lingua diversa da quella materna e non potevano fare proselitismo.

---

[4] GREGORIO XVI. Lettera Enciclica *Mirari Vos*, 1832. P. 2.

Nell'Amazzonia del XIX secolo, il cattolicesimo esercitò un'enorme influenza sulla popolazione; anche se la Chiesa ebbe difficoltà a controllare la religione a causa di vari fattori, tra cui il ridotto numero di sacerdoti per il servizio religioso, le pratiche devozionali non cessarono di verificarsi, gli aderenti portarono avanti le dottrine ecclesiastiche a modo loro, producendo un cattolicesimo popolare e rivelando la forza dei principi cattolici nella provincia. Non fu un compito facile impiantare un nuovo concetto religioso nella regione, molti conflitti sorsero e furono riportati dai giornali, confermando così il grande potere esercitato dalla Chiesa cattolica in Amazzonia.

> Fuori il ciarlatano! - Leggiamo nel Diario de Belém: << Tra gli annunci pubblicati sul Liberal ce n'è uno di James Henderson che afferma di vendere nel suo locale ferri vecchi, burro, pentole, stampi, vini, ecc, e conclude dicendo che ha anche Bibbie e Nuovi Testamenti << che il popolo deve comprare per conoscere la via del Paradiso e non aspettare che i sacerdoti insegnino loro le parole. che il popolo deve comprare per conoscere la via del Paradiso e non aspettare più che i sacerdoti insegnino loro le parole; insegna tutta la dottrina con semplicità, e non ha nulla a che fare con immagini fatte di pala o di pietra, d'argento o d'oro, e non insegna che si debbano rispettare gli dei fatti dalla mano di un peccatore.
> Non avremmo nulla da fare se il ciarlatano si fosse limitato a pubblicizzare la vendita dei suoi burri rancidi, ma uscire in pubblico per deridere la religione della nazione che ha accolto e i suoi abitanti è un grande insulto su cui non possiamo non richiamare l'attenzione della polizia, che ha a che fare con gli insulti lanciati alla religione dello Stato.
> Il popolo non deve lasciarsi ingannare dalle canzoni dei ciarlatani e chiediamo all'illustre signor Dr, Capo della Polizia, di prestare attenzione a questo annuncio e di prendere le misure necessarie. Il culto della nostra Santa Religione non può più essere messo in ridicolo da nessun ciarlatano.[5]

Il protestantesimo ebbe molte difficoltà ad entrare in Brasile, un Paese ufficialmente cattolico, che dominava il campo religioso e aveva le sue dottrine fortemente radicate nella Costituzione del 1824, che castrava le possibilità di successo del proselitismo protestante. Nella storia dell'Amazzonia e del Brasile del XIX secolo, le fonti più diverse espongono il rapporto tra massoneria e protestanti come un tentativo di rovesciare il dominio cattolico e di ottenere un successo per entrambe le parti. Nella provincia di Grão-Pará, nel XIX secolo, l'ordine massonico

---

[5] GIORNALE A BOA NOVA. Belém, 22 SETTEMBRE 1877, pag. 3.

collaborò direttamente all'impianto del protestantesimo, in quanto i giornali di proprietà dei massoni diedero spazio a pastori e colporteurs per diffondere le loro credenze e minacciare il controllo cattolico, come nel caso del giornale O Liberal do Pará, di proprietà del massone Tito Franco.

> Per molto tempo pubblicò sul giornale Amazonas lunghi articoli di polemica religiosa, predicando i principi della Riforma di Lutero e attaccando la nostra santa religione con instancabile veemenza e ardore.
> Ricordiamo perfettamente che il ministro della Chiesa evangelica episcopale negli Stati Uniti ha negato i sacramenti dell'Ordine, della Penitenza e del Matrimonio, ha combattuto contro l'infallibilità della Chiesa, il dogma dell'Immacolata Concezione di Maria e ha sostenuto molte altre eresie con ammirevole tenacia.[6]

È interessante sapere che nell'Amazzonia del XIX secolo e in alcune aree del territorio nazionale nel XIX secolo, la Massoneria non rappresentava un rapporto negativo per i protestanti che erano ampiamente finanziati dall'ordine massonico; nel 1723 a Londra, James Anderson, un pastore presbiteriano, scrisse la costituzione massonica che divenne nota come "costituzione Anderson", mettendo in evidenza questo pastore sulla scena internazionale. La massoneria e il protestantesimo ebbero un legame storico molto intenso, che in Amazzonia si stabilì in modo molto stretto, consolidando un'alleanza che minacciava la Chiesa cattolica e richiedeva una serie di azioni efficaci da parte dei suoi leader; nella provincia di Grão- Pará, il vescovo Dom Macedo Costa svolse questo ruolo.

---

[6] IL LIBERALE DI PARÁ. Belém, 17 DICEMBRE 1871, p. 1.

CAPITOLO 1: IL VESCOVO MACEDO COSTA E LE SOVVENZIONI DEL POTERE RELIGIOSO A GRÃO PARÁ

"Per questo abbiamo un Paese libero, dobbiamo avere un Paese cattolico".

Inizieremo il primo capitolo esaminando la posizione del vescovo Macedo Costa, che arrivò in Amazzonia promuovendo con veemenza il cattolicesimo legato a Roma, e vedremo i mezzi con cui il vescovo si sentì a suo agio nell'attuarlo. Il titolo sopra descritto contiene una frase usata da Dom Macedo Costa nel suo libro pubblicato nel 1886, un compendio intitolato "Missione speciale a Roma nel 1873" che tratta tra l'altro della famosa "questione religiosa" di cui fu accusato e imprigionato e poi assolto. Questa frase enigmatica ci aiuterà a comprendere gli aspetti più importanti della sua vita.

specifico alla lotta intrapresa dal sacerdote per proteggere il sacro baldacchino cattolico che cominciava a deteriorarsi in Brasile.

In questo saggio indagheremo su alcune azioni di Dom Macedo Costa nell'affrontare gli agenti che si opponevano alla romanizzazione[7], tra cui lo Stato, la Massoneria e i protestanti. Durante la sua carriera in Amazzonia, Dom Macedo assunse una posizione ferma, affrontando i vari ostacoli che impedivano la romanizzazione della regione; alcuni dei discrediti subiti non intimidirono il sacerdote che, alleato del cattolicesimo ultramontano[8], affrontò con grande dedizione il sistema di patronato[9] in voga in Brasile.

È essenziale fare riferimento all'inizio della sua vita ecclesiastica e agli aspetti più specifici della regione in cui il sacerdote avrebbe svolto le sue attività.

---

[7] Concetto creato da Theodor Mommsen nel XIX secolo, indica la diffusione della cultura romana attraverso l'acculturazione e l'assimilazione culturale dei suoi attributi da parte delle popolazioni annesse durante il periodo di espansione della Repubblica Romana, dell'Impero Romano o del Principato, all'interno della prospettiva civilizzatrice di Roma, che nel caso studiato è legata al legame ecclesiastico proveniente direttamente da Roma, attraverso gli ordini papali.

[8] Dottrina politica cattolica che trova il suo principale riferimento in Roma, rafforza e difende il potere e le prerogative del papa in materia di disciplina e di fede.

[9] Un accordo tra il papa e il monarca chiamato patronato reale. Questo accordo dava al re un grande potere in materia religiosa: il re sceglieva i vescovi, permetteva o proibiva l'istituzione di ordini religiosi e la costruzione di edifici religiosi, controllava la raccolta di donazioni e decime dalla popolazione e pagava gli stipendi dei sacerdoti.

Per comprendere la posizione di Dom Macedo, dobbiamo tenere a mente i valori della sua formazione come prelato e comprendere anche i cambiamenti strutturali che il Brasile ha subìto e soprattutto i cambiamenti regionali in cui Dom Macedo Costa ha svolto il suo ministero.

La storia di Dom Macedo Costa è stata segnata da sforzi personali e da importanti risultati intellettuali e religiosi nella sua carriera. Fu il capo della missione romana nello Stato di Grão-Pará, imputato nel 1874 e poi assorbito nel 1875, nel processo che divenne noto come "Questione religiosa", che verrà spiegato più avanti. Nacque nel 1830 nella città bahiana di Maragogipe, così chiamata per i suoi antichi abitanti, gli indios Maragós, che in dialetto indigeno significa "braccia invincibili".

Dom Macedo era un illustre esponente ultramontano di Maragogipe, una città che viveva anch'essa il processo di romanizzazione che si confrontava con il cattolicesimo popolare diffuso dalla festa organizzata dalla confraternita di São Bartolomeu nel 1851 (SANTOS, 2008, p.02). In questo modo, alcuni presupposti della lotta al cattolicesimo popolare erano già radicati nella mentalità del sacerdote e gli fornivano una base per l'azione.

Importante prelato che fa parte dei membri illustri del cattolicesimo nazionale, la biografia di Dom Macedo Costa è conservata negli archivi della Chiesa romana brasiliana. Ancora ignaro di ciò che lo attendeva, nel 1848 Macedo Costa lasciò la città di Maragogipe e si recò a Salvador, la capitale di Bahia, dove iniziò a studiare nel collegio diretto dal canonico Francisco Pereira de Souza; fu un periodo di apprendistato che lo portò presto al seminario di Santa Tereza, un importante seminario arcivescovile.

A partire dal seminario, Macedo Costa divenne collaboratore del giornale cattolico "O Noticiador Católico", un importante periodico che circolava a Bahia e che lottava contro le idee contrarie al cattolicesimo. Era diretto da Dom Romualdo Antônio de Seixas, un arcivescovo primate con grande influenza politica in Brasile che divenne amico di Macedo Costa e lo mandò a studiare in Europa. Mentre era ancora in Brasile, la mentalità di Macedo Costa iniziò a prendere nuove direzioni con la sua effettiva partecipazione al giornale che lottava contro le forze contrarie al cattolicesimo romano.

Macedo attraversò l'Atlantico e studiò per due anni nel famoso Seminario di San Celestino a Borges, in Francia. Completò un corso di retorica e, lodato dai suoi amici accademici, fu ispirato ad andare oltre; si recò a Parigi nel 1854, ora presso l'acclamato Seminario di San Sulpizio, e con lode completò un'altra tappa della sua carriera episcopale. Come ricompensa per tutti i suoi sforzi e la sua maestria accademica, il 2 giugno 1855 ricevette la tonsura ecclesiastica nella Cattedrale di Parigi, che gli conferì il primo grado dell'ordine del clero. Questa volta l'arcivescovo di Parigi, il cardinale Nicolas Marlot, lo presentò come sacerdote e gli conferì il grado di ministro di Dio. (CÂMARA, 1980, p.339)

La buona socializzazione in Europa e il buon vento che spirava verso il neo sacerdote Dom Macedo Costa lo fecero rimanere ancora un po', ritardando il suo ritorno in Brasile. Le opportunità raggiunte e il desiderio di perfezionare gli studi lo portarono a Roma e, nella città eterna, si iscrisse al Pontificio Liceo di Sant'Apollinare, dove completò un ulteriore corso di studi, conseguendo il dottorato in diritto canonico. Nel 1859 tornò in Brasile e fu accolto con festa dalla famiglia e dagli amici, oltre che dall'arcivescovo primate di Bahia, Dom Romualdo Antônio de Seixas.

Arrivato in patria carico di riconoscimenti dovuti al successo ottenuto in Europa e al suo solido curriculum, Dom Macedo Costa divenne presto un grande insegnante, tenendo lezioni al ginnasio di Bahia e al liceo di Salvador. Tra i suoi allievi c'era l'illustre Rui Barbosa, il grande giurista brasiliano del XIX secolo. Tutti gli sforzi di Macedo Costa lo portarono a essere riconosciuto da molte personalità pubbliche brasiliane; la sua amicizia con l'arcivescovo primate di Bahia, Dom Romualdo Antônio Seixas, che era stato anche lui sacerdote nel Grão-Pará nel 1810; fu nominato vescovo della provincia di Grão-Pará da Dom Pedro II nel 1861 (CÂMARA, 1980, p.340).

Dom Macedo Costa, che dall'anonimato di Maragogipe divenne una figura nota e rispettata, assumendo con fascino l'episcopato del Pará, sarà un fervente difensore del cattolicesimo romano in Amazzonia. Papa Pio IX confermò la sua nomina e il 24 giugno 1861 arrivò a Belém, entrando solennemente nella Cattedrale il 10 agosto 1861, assumendo così la carica di vescovo insieme al pesante compito di riorganizzare il cattolicesimo locale. Conoscendo i precetti della sua religione e le difficoltà che la Chiesa cattolica internazionale stava affrontando con il liberalismo, il vescovo appena nominato aveva pianificato una serie di misure per affrontare questi e altri problemi.

Il cattolicesimo mondiale si trovava ad affrontare un nemico sempre più forte a causa dei cambiamenti strutturali generati dal nuovo sistema che stava emergendo, il liberalismo, che divenne il motore dell'economia, infiltrandosi nella politica e influenzando altri elementi sociali che smantellavano sempre più la forza della Chiesa romana. L'influenza del liberalismo francese nell'Amazzonia del XIX secolo fu grande, e questo richiese ancora di più l'attenzione e la disponibilità del vescovo a confrontarsi con molte questioni.

In Brasile, il cattolicesimo nel XIX secolo, oltre agli scontri già citati, dovette confrontarsi anche con gli aspetti della nuova configurazione politica nazionale, che con l'articolo 5 del 1824, pur riconoscendo la Chiesa cattolica come religione ufficiale, accettava altre espressioni religiose nel suo territorio, concedendo loro la libertà di culto e persino limitando le loro cerimonie alle funzioni domestiche e proibendo la costruzione di templi; questo apriva la concorrenza alla Chiesa cattolica in Brasile.

> Una serie di reclami sono stati indirizzati a W. Stuart, incaricato d'affari britannico, contro il dottor Kalley. Nelle denunce si affermava che egli predicava a casa sua e ai suoi pazienti e che era già stato espulso dall'isola di Madeira per questa stessa infrazione alle leggi del Paese. A Kalley è stata chiesta l'espulsione dal Brasile. Stuart pretese da Kalley spiegazioni sulla veridicità delle denunce e la promessa che avrebbe cessato ogni sforzo per convertire i cattolici romani al protestantesimo se non avesse voluto lasciare il Paese. Kalley fece due passi immediati: il primo fu quello di chiedere la possibilità di sottoporsi agli esami per riconvalida del suo diploma per poter esercitare la professione medica in Brasile, e il secondo fu quello di sottoporre undici domande a tre dei principali giuristi del Paese. Queste domande riguardavano il culto secondo la nuova Costituzione e il diritto di uno straniero di tenere "servizi domestici" nella propria casa e di lasciare le porte aperte per l'ingresso e la partecipazione di altre persone [...] I tre giuristi diedero risposte del tutto favorevoli alle azioni di Kelley, dimostrando che, dal loro punto di vista, Kalley non

aveva mai violato le leggi del Paese. (HAHN, 2011, p. 163-162).

Il vescovo di Grão-Pará, oltre ai fattori già citati, aveva affrontato innumerevoli sfide; la regione amazzonica era un mosaico di questioni religiose, i molteplici fattori dell'embricatura della pajelança con il cattolicesimo portoghese, le interazioni di manifestazioni religiose di origine africana, hanno dato origine a caratteristiche uniche nella provincia. La specificità religiosa dell'Amazzonia generò un cattolicesimo amatoriale, indipendente da Roma e considerato pubblicamente accessibile. I santi cattolici non erano più patrimonio esclusivo della Chiesa ultramontana, ma divennero popolari; le espressioni religiose si svolgevano con "preghiere senza messe e santi senza preti".

> Gli abitanti del luogo raccontano che in passato l'unico santo celebrato era San Benedetto, il patrono da cui il villaggio ha preso il nome. Tuttavia, un influente mercante locale, devoto a Sant'Antonio, portò lì un'immagine di questo santo e riuscì a motivare la popolazione a cambiare il proprio patrono. Fu costruita una cappella per ospitare il nuovo santo, mentre San Benedetto continuò a essere custodito e venerato nella casa della sua "padrona" (MAUES, 2011, p.03).

Anche il coinvolgimento con la Curia del cattolicesimo europeo e la posizione gerarchica acquisita da Dom Macedo Costa nel suo percorso laico e religioso contribuirono all'azione del prelato, dandogli sostegno nella realizzazione di riforme sistematiche che cercavano di contemplare direttamente importanti assi dell'apparato cattolico; un altro fattore paradossale che sostenne e servì da base all'azione di Dom Macedo Costa, e che in seguito divenne una forza di contrasto, fu il riavvicinamento tra Stato e Chiesa. Nelle pagine del giornale "Diário de Belém" del 24 luglio 1864, il discorso del senatore Nabuco de Araújo, padre dell'abolizionista Joaquim Nabuco, rende evidente il riavvicinamento e la difficoltà di separare le azioni dello Stato e della Chiesa.

> **Onorevole Nabuco.** - I nobili senatori, l'uno e l'altro, sembrando senza dubbio approfittare della difficoltà della questione, hanno iniziato stabilendo una proposizione che, a mio avviso, è inesatta. Hanno detto che non si trattava di una discussione teologica o canonica, ma solo di stabilire se il decreto del marzo 1857 violasse le leggi dello Stato. In realtà, signori, qui non c'è una discussione teologica, perché fortunatamente non è coinvolto nessun dogma della Chiesa, nessuna questione di fede, che è la comprensione della teologia; ma c'è una discussione canonica qui, essenziale e dominante, che consiste nel sapere se il Concilio di Trento ha conferito ai vescovi il potere di sospendere gli ordini ex informata conscientia, cioè in

modo extragiudiziale, senza alcuna forma di processo, senza i controlli ordinari.

In verità, signori, la Chiesa cattolica non poteva accettare il privilegio di essere la religione cattolica apostolica romana come religione di Stato a scapito dell'indipendenza conferitale dal creatore divino (sostenuto); non poteva accettare il privilegio di essere la religione di Stato per essere assorbita dallo Stato, come la Chiesa protestante in Inghilterra e in Prussia, e la Chiesa greca in Russia.

Non nascondo che qui c'è anche una questione di diritto pubblico, cioè che qualche legge statale contiene una disposizione contraria a quella del Concilio di Trento, che autorizza i vescovi a sospendere gli ordini ex-informata coscnientia. Ma questo è ciò che i nobili senatori non sono riusciti a dimostrare; nonostante tutti i loro sforzi, si sono soffermati solo su generalità che non escludono la disposizione del Concilio di Trento.

Nabuco: - Quindi è incontestabile che la Chiesa e lo Stato costituiscono due poteri indipendenti; che la Chiesa è un'associazione perfetta come l'ha creata il suo fondatore divino, con tutti i poteri necessari a tale scopo.

Onorevole Nabuco Onorevole Nabuco: - Se dunque, signori, la Chiesa e lo Stato costituiscono due poteri indipendenti, ciascuno dei quali agisce nell'ambito delle proprie competenze, nessuno dei quali danneggia l'altro, sono due poteri costituiti e indipendenti che coesistono e si aiutano a vicenda, l'uno ai fini della salvezza spirituale, l'altro ai fini della felicità terrena; e dunque, signori, qual è la ripugnanza a che l'ecclesiastico nominato dallo Stato sia deposto o sospeso dalla Chiesa nei casi in cui incorre in sanzioni spirituali?[10]

L'esercizio di separare e specificare ogni ruolo nella sfera civile e religiosa richiese un grande sforzo e non fu un'articolazione agevole e priva di conseguenze, a causa della relazione storica tra la Chiesa cattolica e lo Stato. Il decreto n. 1.911, del 28 marzo 1857, che rappresentava un quadro giuridico che regolava le relazioni sociali, la cui funzione era anche quella di guidare i prelati nelle loro attività religiose e nei loro obiettivi politici, dimostrò con gli arresti dei vescovi Dom Vital e Dom Macedo Costa che l'esperienza fu traumatica, poiché i massoni, interessati alla separazione tra Chiesa e Stato, si infiltrarono nel governo e avevano molto potere, come mostra il giornale sopra citato.

Diário de Belém no. 165, che stiamo analizzando, nella pagina scritta da Nabuco, sviluppa le idee di François Guizot[11], mostrando esperienze internazionali

---

[10] QUOTIDIANO DI BELÉM. Belém, 24 LUGLIO 1869, n. 165, pag. 1.

[11] François Guizot (1787/1874) nacque a Nimes, in Francia, da una famiglia della vecchia borghesia protestante. Suo padre era un avvocato che fu ghigliottinato nel secondo anno della Rivoluzione. Divenne un punto di riferimento per un insieme di idee note come liberalismo dottrinario. Massone, esercitò una potente influenza nel resto d'Europa e altrove, compreso il Brasile durante il Secondo

che condividono relazioni amichevoli tra Chiesa e Stato. Il giornale evidenzia l'infiltrazione del liberalismo nella regione attraverso il pensiero di Guizot. La proposta di questo importante intellettuale francese, mentore di Alexis de Tocqueville, era quella di pensare a livello politico all'esercizio della libertà individuale capace di costruire una società più duratura e regolare, attraverso il legame che univa la volontà individuale alla costruzione dello Stato, rendendo evidente la separazione tra Stato e Chiesa e delimitando il coinvolgimento tra i due (GUIZOT, 1864, p.81). Tutte queste interazioni e intenzioni politiche strutturarono il "modus operandi" delle azioni e delle reazioni di Dom Macedo Costa.

> Nabuco: - Laicizzare la decima e impegnarsi a sovvenzionare il clero, assorbire la libertà e l'indipendenza della Chiesa, come in Inghilterra, Russia e Prussia, entrare nell'alta politica dello Stato? Questa dottrina è quella del nobile ministro della giustizia, che crede che il potere generale possa assorbire il potere delle assemblee provinciali di creare distretti, ed è per questo che paga gli stipendi dei giudici di diritto.
> Ma cosa ha a che fare la questione del pagamento degli stipendi, della retribuzione, con la natura e l'essenza delle attribuzioni e dei poteri? Volete che la Chiesa, in quanto indipendente, chieda l'elemosina e sia abbandonata dallo Stato? Ecco, signor Presidente, l'opinione di un protestante (Guizot) su questo argomento.
> Dice: La società civile e quella religiosa perderebbero così la loro autorità morale, la loro dignità, la loro sicurezza: il potere civile, non avendo altro che rapporti con gli affari e gli interessi terreni degli uomini, perderebbe la forza che il legame tra i principi e i sentimenti religiosi gli conferisce naturalmente: da parte loro, i direttori spirituali non avrebbero più che un atteggiamento subordinato e precario nei confronti del popolo fedele, dipendente dalla mobilità delle opinioni, dalla leggerezza e dall'insolenza delle volontà umane. In questo isolamento reciproco, lo Stato si materializza, la Chiesa si divide e si mobilita. L'ordine civile manca di sanzione: l'ordine religioso manca di stabilità e dignità. [12]

Non c'erano abbastanza sacerdoti per servire la provincia e la maggior parte di quelli che c'erano non avevano la preparazione intellettuale necessaria per guidare il movimento ultramontano a Grão-Pará; un'altra questione non facile per Dom Macedo era quella di risolvere il cattolicesimo dei bagordi e delle processioni che stavano prendendo forza e decentrando il potere cattolico. La proposta era quella di organizzare la casa, migliorare la sua struttura interna, ideare meccanismi

---

Regno.
[12] QUOTIDIANO DI BELÉM. Belém, 24 LUGLIO 1869, n. 165, pag. 1.

per una migliore formazione e fidelizzazione del clero e affrontare così massoni, protestanti e altri modelli esterni che minacciavano l'impresa ultramontana.

> La mentalità che dominava la riforma era la necessità di creare una nuova Chiesa in Brasile, di carattere apostolico romano e di ispirazione tridentina, che sostituisse la Chiesa luso-brasiliana del periodo coloniale e imperiale, dominata dai padroado (AZZI, 1976, p. 119).

Come ha detto Riolando Azzi nella citazione precedente, la proposta di Dom Macedo non si limitava al Grão Pará; la sua audace intenzione, concepita dalla Curia romana, era quella di prendere in mano il cattolicesimo e di gestire il potere politico brasiliano in collaborazione con le direttive della Chiesa di Roma. Questa proposta fa parte di un'intenzione molto più ampia descritta da Pio IX nella sua enciclica "Quanta Cura" del 1864, che combatte il liberalismo e cerca di mostrare ai fedeli il pericolo delle libertà proposte da questo sistema.

Per quanto riguarda gli aspetti più specifici della nostra provincia, essi mostrano che a partire dalla seconda metà del XIX secolo il Grão Pará ha vissuto un processo di modernizzazione, dovuto in particolare alla crescita della produzione di gomma elastica, che ha portato a una serie di cambiamenti strutturali nella regione. Queste trasformazioni sono visibili nell'estetica della città di Belém, che ha subito un processo di urbanizzazione e ha visto rinnovata la sua architettura. Questi cambiamenti nella struttura architettonica hanno mostrato che la provincia stava subendo un processo di progresso non ancora visto nel territorio amazzonico, che ha modificato non solo il paesaggio fisico ma anche quello culturale, alterando i simboli del potere politico e religioso e sostituendo i valori di una determinata società con un'altra.

> (...) La trasformazione che Belém subì, generata dalla gum economy, significò la materializzazione della modernità espressa attraverso la costruzione di opere, l'urbanizzazione, la formazione di élite, nella costruzione di "un modello ideale di società moderna libera da disturbi" (SARGES, 2002, p.53).

Secondo (MALHEIROS, 2014, p.100) il cambiamento fisico strutturale del capoluogo di provincia fu notato da alcuni illustri visitatori che si trovavano nella regione per un viaggio di ricerca, tra cui il naturalista inglese Alfred Wallace, che quattro anni dopo la sua prima visita, nel 1848, rivelò la sua sorpresa nel trovare

Belém completamente diversa, con edifici sontuosi e di grandi dimensioni, strade pavimentate e un efficace processo di abbellimento. Questi resoconti, così come quelli di altri viaggiatori, dimostrano che il processo di cambiamento era significativo, poiché iniziava ad attirare l'attenzione.

Un altro notevole cambiamento regionale che si verificò in seguito alla nuova configurazione economica fu il graduale indebolimento delle vecchie élite tradizionali legate alla produzione agricola della regione, che rappresentavano una mentalità specifica. La nuova classe economica, legata al commercio della gomma, avrebbe acquisito forza e la sua effettiva partecipazione alla politica non avrebbe tardato a generare nuovi episodi sulla scena provinciale che hanno provocato disagio sociale, smantellando i modelli culturali esistenti, compresi gli aspetti religiosi. Tutta questa serie di cambiamenti strutturali legati alla crescita economica della regione richiederà molta attenzione da parte di Dom Macedo, poiché i valori precedentemente sostenuti cominciano a essere messi in discussione.

> Le due città, sede di potenti tapper della gomma e quartier generale della grande "aviazione" e del commercio d'esportazione, dovevano rispecchiare, attraverso un nuovo paesaggio e infrastrutture, il potere economico e la forza di coloro che, a costo di enormi sacrifici e saccheggi dei tapper della gomma isolati nelle loro "capanne" nella foresta, si arricchirono rapidamente e fugacemente. Il Teatro da Paz, a Belém, e soprattutto il maestoso Teatro de Manaus, simboleggiano il potere dell'élite generato dal commercio della gomma (CORREA, 2003, p. 216).

L'economia della provincia nel XIX secolo, come mostra Bárbara Weinstein (1993), si sviluppò attraverso la produzione di caucciù, diventando il perno di molte mutazioni, responsabili non solo di cambiamenti nell'architettura della scena di Belen, ma che si rivelarono profondi, perché attraverso l'importazione di prodotti europei, legati ai valori francesi, si impiantarono gradualmente nella regione nuovi valori culturali e sociali legati alla *"Belle Époque"*, condivisi e diffusi dall'élite economica del caucciù, che divenne propagandista dei nuovi valori francesi, tra cui la secolarizzazione.

La provincia di Grão-Pará fu influenzata da concezioni di novità che favorirono una società basata sulla razionalizzazione, cercando altre spiegazioni per la sua comprensione e rafforzandosi a livello nazionale, trascurando le pratiche sociali classiche e aggrappandosi a quelle più moderne. Attraverso il lavoro di Antônio Baena sulle "Ere da Província do Pará", è possibile comprendere lo sviluppo di questo processo che, tra le tante ragioni, mostra l'influenza delle idee sovversive diffuse da numerosi rivoluzionari, come François Émile Babeuf[13], che aveva diffuso le sue idee nella Guyana francese e che presto arrivarono nella provincia di Grão-Pará grazie alle relazioni commerciali tra le regioni, esemplificate dall'assurdo aumento della farina a Caienna (BAENA, 1969, 278), queste idee mostrano i cambiamenti sociali che si stavano provando nella provincia.

Il compito del vescovo Macedo cominciò a complicarsi a causa di forze contrarie ai principi cattolici ultramontani che stavano aumentando le loro sovvenzioni all'azione. Non appena assunse il comando religioso della provincia di Pará, assegnò alla chiesa di Santo Alexandre un ruolo importante, ponendola come sede amministrativa del vescovado, forse per la sua posizione geostrategica, dato che l'edificio si trovava nella parte più raffinata della città e vi erano vantaggi localizzativi derivanti dalle strutture portuali, oltre al fatto che si trattava di un'importante zona commerciale.

La zona della campina, punto iniziale di insediamento nella regione, rappresentava la parte più importante della città e la maggior parte delle istituzioni principali si trovavano nelle sue vicinanze; la decisione di Macedo Costa di fare della chiesa di Santo Alexandre la sede del cattolicesimo in Pará parlava anche del tentativo di moralizzare la storia del cattolicesimo locale, che aveva risentito dell'abbandono della chiesa di Santo Alexandre quando i gesuiti furono espulsi dalla riforma pombalina[14]. Con queste decisioni, il vescovo rivelò la sua posizione, organizzando il cattolicesimo dall'interno della chiesa stessa.

Oltre alle sfide che Dom Macedo dovette risolvere, c'era anche la carenza

---

[13] È stato un giornalista e filosofo francese che ha preso parte alla Rivoluzione francese. Fu l'autore di una dottrina nota come babovismo, una sorta di comunismo.
[14] A metà del XVIII secolo, Sebastião José de Carvalho, marchese di Pombal, avviò una serie di riforme modernizzatrici con l'obiettivo di migliorare l'amministrazione dell'Impero portoghese e di aumentare le entrate derivanti dallo sfruttamento coloniale. Ispirato dalle dottrine illuministe, intraprese diversi cambiamenti nell'amministrazione portoghese, espellendo i gesuiti, vietando la persecuzione religiosa dei neocristiani e ponendo fine alla schiavitù indigena.

di sacerdoti, come accennato in precedenza, perché per condurre gli interessi della Chiesa romana nelle regioni più remote della provincia, era necessario addomesticare e spiritualizzare i parroci qui esistenti, affinché il compito non fosse così faticoso; "numerosi e docili alle direttive della Santa Sede", dato che "[....] il clero era poco numeroso e la maggior parte di loro era sposata e coinvolta in questioni politiche" (Azzi, 1983, p. 23). Le tappe da superare da parte del vescovo per moralizzare il cattolicesimo locale sarebbero state ardue e necessarie per evitare la manipolazione delle pratiche religiose da parte di laici che conducevano le esperienze religiose a modo loro e secondo i propri presupposti.

Per esemplificare la visione diffidente del cattolicesimo in Amazzonia, la citazione del missionario metodista americano James Colley Fletcher, che si trovò in Brasile tra il 1850 e il 1860 per una missione protestante, è di assoluta importanza per comprendere come il cattolicesimo popolare fosse percepito dalle persone che provenivano da altre regioni, oltre a rivelare la forza delle attività popolari in relazione al sacro, nonché la loro indipendenza dalla Chiesa cattolica ufficiale.

James Colley Fletcher non capì la logica locale dell'appropriazione del sacro nelle manifestazioni cattoliche popolari e cominciò a vedere un falso legame tra la gente e il cattolicesimo. Scrisse una lettera in cui affermava che "di tutti i popoli che aveva incontrato, i brasiliani erano i meno interessati alla religione", limitando la loro vita religiosa a "petardi e processioni" (VIEIRA Apud FLETCHER 1980. p.170). Il racconto del missionario mostra che gran parte degli abitanti della provincia adattarono il cattolicesimo alle loro specificità, rielaborandolo in base alle loro esperienze.

Tutti i cambiamenti strutturali presentati nei paragrafi precedenti, responsabili delle trasformazioni del carattere culturale, sociale, politico, economico e religioso della provincia di Grão-Pará del XIX secolo, hanno contribuito alla secolarizzazione secondo linee liberali, portando il vescovo Macedo Costa a lottare per costruire un cattolicesimo nella regione amazzonica che fosse sovrano e al di sopra dello Stato, Questi e altri elementi hanno richiesto una posizione più ferma da parte del vescovo, perché, come ha detto Fernando Arthur de Freitas Neves, la Chiesa, che in precedenza era stata un partner nel processo di modernizzazione, è stata messa da parte dal liberalismo.

> [...] negli anni Quaranta del XIX secolo, la modernizzazione dello Stato brasiliano era vista come un compito condiviso tra lo Stato e la Chiesa, e solo con il protagonismo degli ultramontanos il liberalismo brasiliano aveva la possibilità di abbandonare la Chiesa e cercare la costituzione di una propria entità politica senza il sigillo della religione ufficiale di Stato (NEVES, 2015, p. 196).

Il vescovo dovette affrontare molte critiche a causa della sua dura posizione; una persona formata ed educata nelle più grandi cattedre del sapere canonico e secolare, che senza dubbio conosceva i più intelligenti trattati filosofici politici e le massime del vangelo della pace, fu vista come intransigente in alcune azioni, creando disaffezione in molte persone. Secondo (LUSTOSA, 1992, p.82), quando il vescovo visitò l'isola di Marajó in un colloquio con un famoso sciamano, attirò la sua attenzione su di lui in pubblico, generando un certo disagio.

Un altro evento significativo che divenne noto come la questione del Nazareno fu la disaffezione tra la Chiesa di Nazaré, Dom Macedo Costa e il governo locale, nata dal fatto che alla Confraternita di Nostra Signora di Nazareth non fu permesso di essere guidata da massoni laici che giocarono un ruolo importante nell'organizzazione della Cirio. Dom Macedo non accettò assolutamente la presenza di massoni all'evento, perché per lui si trattava di un gravissimo affronto che invalidava le numerose bolle papali contro la Massoneria. Nel 1877, Dom Macedo firmò una nota di annullamento del Círio e poi si allontanò, lasciando il comando al vicario João Simplicio das Neves Pinto e Souza.

La confraternita massonica, non soddisfatta della decisione di annullare la festa, entrò in chiesa suonando le campane e delegando le funzioni religiose senza la presenza dei sacerdoti ufficiali; ne nacquero dispute, con ripercussioni sull'annullamento del círio, che nel 1878 sarebbe stato condotto dal governo e sarebbe diventato noto come círio civile. Questi e altri episodi dimostrano che le energiche prese di posizione del vescovo ultramontano erano giustificate dalla ricerca di un controllo religioso che gli stava sfuggendo di mano.

L'opera di Peter Berger "Sacred Canopy" ci aiuta a capire che le azioni più audaci di Dom Macedo Costa di fronte alle sfide cattoliche del suo tempo furono un'importante fonte di mantenimento e rafforzamento dell'istituzione. La posizione più ferma ed energica era un fronte nella lotta contro gli aspetti liberali e secolari che stavano erodendo le strutture tradizionali responsabili del "baldacchino sacro", considerato da Berger lo strato protettivo delle relazioni religiose. La Chiesa che Dom Macedo difendeva e per cui lottava non poteva perdere il suo baldacchino né a favore dello Stato né a favore di altre religioni o gruppi contrari alla sua fede e ai suoi dogmi, per questo doveva proteggere i suoi sacramenti e rafforzare la sua unità con Roma.

> I cattolici vivono in un mondo in cui il sacro è mediato attraverso una serie di canali - i sacramenti della Chiesa, l'intercessione dei santi, l'irruzione ricorrente del "soprannaturale" nei miracoli - un vasto continuum di essere tra ciò che si vede e ciò che non si vede. Il protestantesimo ha abolito la maggior parte di queste mediazioni. Ha spezzato la continuità, ha tagliato il cordone ombelicale tra cielo e terra, e quindi ha ripiegato l'uomo su se stesso in un modo che non ha precedenti nella storia. (BERGER, 1985, p. 124-125)

Il vescovo di Pará forse non si rendeva conto che la sua posizione ferma e audace avrebbe portato ad alcune complicazioni, tra cui la sua incarcerazione nel 1874 per aver vietato i sacerdoti che frequentavano i massoni. La partecipazione attiva della Massoneria negli affari ecclesiastici o attraverso confraternite legate alla Chiesa era alla base della questione religiosa, quando il 3 marzo 1872 padre Almeida Martins pronunciò a Rio de Janeiro un discorso a favore della legge sul libero utero proposta dal visconte di Rio Branco, presidente del consiglio dei ministri e gran maestro dell'ordine massonico, ci fu un'immediata reazione da parte della Chiesa cattolica. Il vescovo di Rio de Janeiro, Dom Pedro Maria de Lacerda, sospese Padre Almeida Martins, creando un precedente per altri che avrebbero preso la stessa posizione e si sarebbero confrontati con il regalismo[15], come nel caso di Dom Vital e Dom Macedo Costa, entrambi imprigionati per le loro azioni.

La lotta più accanita di Dom Macedo Costa fu quella con la massoneria, un'istituzione che nel Brasile del XIX secolo era già radicata nelle sfere del potere politico ed economico e rappresentava gli interessi liberali; la lotta del vescovo con la massoneria mostrò la forza dell'ordine massonico e rivelò in parte la perdita del

---

[15] Dottrina che difende il diritto del capo di Stato di interferire negli affari interni della Chiesa cattolica.

baldacchino cattolico; ma fu anche in grado di evidenziare il protagonismo di due vescovi che non si piegarono a nessun altro potere e garantirono così la partecipazione cattolica allo Stato nei periodi successivi all'impero, come afferma Heraldo Maués.

> Con la proclamazione della Repubblica e la separazione tra Chiesa e Stato, dopo una fase di relativo allontanamento, ci fu un graduale ritorno al riavvicinamento, consapevolmente voluto dai vertici dell'episcopato - e non esplicitamente rifiutato dai vertici governativi - durante la fase in cui si rafforzò il cosiddetto periodo della romanizzazione, che raggiunse il suo apice a partire dal 1930, sotto la guida del cardinale di Rio de Janeiro, Dom Sebastião Leme da Silveira Cintra (Dom Leme). (MAUÉS, 1995, p.37)

La Chiesa cattolica, rappresentata dal vescovo Dom Macedo Costa nel XIX secolo a Grão Pará, e la Chiesa di Olinda, nella persona del vescovo Dom Vital, furono in grado di opporsi all'ordine massonico brasiliano. Altri vescovi non furono direttamente coinvolti in questo sforzo, nemmeno il vescovo di Rio de Janeiro, che punì padre José Luís de Almeida Martins, il quale, nella loggia massonica Grande Oriente do Vale do Lavradio, tenne un discorso a favore della legge sull'utero libero, generando l'episodio più acuto che contribuì alla famosa "questione religiosa" nel Paese.

Questo particolare interesse da parte dei due vescovi fornirà munizioni al barone de Penedo, ambasciatore a Londra, che nella sua visita a Roma, intitolata "Missione a Roma" nel 1873 per risolvere la "Questione religiosa", criticherà i due vescovi, sostenendo che la lotta contro la massoneria, che avevano intrapreso, era una questione intima e non aveva nulla a che fare con la posizione del cattolicesimo universale o nazionale, poiché non avevano articolato o coinvolto l'intera Chiesa cattolica in questa campagna. (PENEDO, 1882, p. 30).

L'approfondimento degli aspetti storici e culturali dell'ambiente in cui si verificarono gli incidenti che generarono la questione religiosa è un modo molto importante per conoscere le questioni più intime che diedero ai due vescovi l'appoggio per avventurarsi in questa impresa, che non solo sfidava la massoneria ma metteva anche in discussione lo Stato imperiale. Nella provincia di Grão Pará e Olinda, i fatti storici ci aiutano a capire perché altri vescovi non si unirono a questa impresa in modo più efficace, evidenziando l'isolamento dei due pontefici. La nostra attenzione si è concentrata sulle specificità di Grão Pará, come già detto.

Nel 1886, Dom Macedo Costa pubblicò un compendio intitolato "Missione speciale a Roma nel 1873" in cui cercava di giustificare il suo atteggiamento e la sua leadership nella lotta contro la massoneria in Pará, sottolineando vari aspetti in cui cercava di dimostrare che il suo atteggiamento era legale e plausibile e che meritava il rispetto degli altri sacerdoti. Questo documento storico prodotto da Dom Macedo, che ha le caratteristiche di un compendio per spiegare la questione religiosa, è preceduto da lettere di alcuni vescovi di importanti diocesi del Brasile che scrivono per ringraziarlo di aver ricevuto il libro prodotto da Dom Macedo.

A dimostrazione di questa giustificazione per trovare sostegno tra gli altri leader cattolici del Paese e chiarire la sua prigionia come ingiusta, Dom Macedo accenna al fatto che una delle proposte contenute nel libro "Missione speciale a Roma 1873", distribuito tra gli altri vescovi brasiliani, era quella di chiarire l'intenzione di Dom Macedo e mostrarlo come l'araldo del cattolicesimo nazionale, a scapito del suo onore, messo in discussione dalla sua prigionia. Il resoconto della lettera di Dom Antônio allegata al libro di Dom Macedo, scritta il 13 dicembre 1886, mostra che la proposta di Dom Macedo riuscì a giustificarsi con altri sacerdoti, ma non a unire la Chiesa cattolica brasiliana attorno a questa lotta.

> Possa Dio concedere, per la consolazione di Vostra Eccellenza[a] , che i lettori del suo libro diventino più saldamente attaccati ai principi della fede cattolica, diventino più obbedienti e devoti figli della Santa Chiesa, e detestino e aborrano la nefasta setta massonica che è stata la causa e l'occasione di tanti mali e scandali in Brasile durante la questione religiosa. Dichiarandomi perfettamente d'accordo con le dottrine e i principi sostenuti da Vostra Eccellenza[a] Rev.[a] nel suo libro, chiedo a Vostra Eccellenza[a] Rev.[a] di degnarsi, con la mia più profonda gratitudine, di accettare le espressioni di grande stima e di fraterna amicizia con cui ho l'onore di firmarmi. (COSTA, 1886, sezione delle lettere)

Sebbene la giustificazione fornita nel libro "Missione speciale a Roma nel 1873" dimostri che Dom Macedo riuscì a ottenere un sostegno ideologico tra i suoi coetanei, il suo sforzo non riuscì a unire la Chiesa romana nazionale per innalzare un vessillo a favore del clero contro le proposte del governo; è possibile ipotizzare che ci fosse una frammentazione che si era costruita storicamente. Le due città in questione, Grão Pará e Olinda, mostrano le loro particolarità quando si uniscono contro la proposta del liberalismo, che in Brasile ebbe come principale propagandista la Massoneria. Il liberalismo, che metteva in discussione il comando di un'istituzione a scapito degli aspetti individuali, era senza dubbio il più grande nemico del potere ultramontano.

> Da questa fonte fangosa dell'indifferentismo nasce quella frase assurda ed errata, o meglio insensata, che afferma e difende la libertà di coscienza. Questo errore corrotto lascia il posto alla smodata libertà di opinione che, confondendo le cose sacre e civili, si sta diffondendo ovunque, fino alla temerarietà di chi sostiene che sia di grande utilità per la causa della religione. Quale morte peggiore per l'anima della libertà dall'errore! Sant'Agostino diceva (Ep. 166). Certo, quando si rompe la briglia che tiene gli uomini nei sentieri della verità ed essi sono precipitosamente portati al male dalla loro natura corrotta, consideriamo spalancato quell'abisso (Ap 9,3), dal quale, secondo quanto vide San Giovanni, si levò un fumo che oscurò il sole e fece uscire locuste che devastarono la terra. Da qui deriva l'effervescenza dello spirito, la corruzione della gioventù, il disprezzo delle cose sacre e profane tra il popolo; in una parola, la più grande e potente piaga della repubblica, perché, secondo l'esperienza che risale ai tempi primitivi, le città che più fiorirono per la loro opulenza, estensione e potenza hanno ceduto, solo per il male della sfrenata libertà di opinioni, della libertà di insegnamento e della smania di innovazioni" (Papa Gregorio XVI - Enciclica Mirari Vos, 1832).

Un'altra testimonianza significativa che ci permette di capire che i due vescovi erano isolati in questa lotta contro un sistema che stava comprimendo il dominio cattolico e che mostrava il discredito politico che la Chiesa romana cominciò a sperimentare più intensamente nel XIX secolo con le questioni più intime del liberalismo, come già accennato, è implicita in un'altra lettera scritta dal vescovo del Ceará Dom Joaquim, allegata all'opera "Missione speciale a Roma del 1873". In questa lettera, il vescovo del Ceará si giustifica mostrando la sua difficoltà a entrare in questa impresa in modo più diretto e partecipativo; il vescovo del Ceará mostra il suo affetto per Dom Macedo, ma sostiene che il suo contributo a questa missione sarà attraverso la sua fede.

> Signor Vescovo, ho trascorso gran parte della mia vita in un lavoro quasi incompatibile con la cultura delle lettere: per questo mi è difficile esprimere il mio pensiero; d'altra parte, però, ho fede nella Santa Chiesa Cattolica, il cui trionfo ed esaltazione dipende dall'intima unione tra i Vescovi, e tra questi e la Santa Sede; in me, quindi, troverà Vostra Eccellenza[a].- Rev.[a] un debole compagno, senza alcun prestigio, "ma un devoto amico e ammiratore di Vostra Eccellenza[a].- Rev.[a] Vi prego di scusarvi con Vostra Eccellenza R.[a] , e di dichiarare con tutta la franchezza di chi pretende di esserlo". (COSTA, 1886, sezione lettere)

Alcuni atteggiamenti di Dom Macedo Costa dimostrano che il sistema del potere reale non intimoriva né esercitava un controllo sul sacerdote, che preferiva affidarsi alla struttura ultramontana sviluppata da Papa Pio IX, che nell'enciclica "Quanta cura" e nel suo allegato più famoso, il "Sillabo", sollevava le questioni più perenni nel tentativo di posizionare la Chiesa cattolica come l'istituzione più importante della terra e che rivendicava la leadership assoluta di Roma in tutte le questioni, condannando il liberalismo come il suo più grave nemico. Secondo Costa (1886, p. VIII) *"Per questo abbiamo un Paese libero, dobbiamo avere un Paese cattolico"*. Questa citazione si riferisce al pensiero di Dom Macedo secondo cui la Chiesa cattolica era l'unico sovrano di fatto.

È chiaro che dom Macedo credeva che la Chiesa cattolica avesse un potere assoluto e che non avrebbe mai immaginato di poter essere imprigionato per aver difeso i suoi ideali e protetto gli interessi della Chiesa. Da questa angolazione del pensiero di Macedo nasceranno molte controversie, la sua ingerenza nel cattolicesimo popolare travalicherà i confini quando si porrà al di sopra della struttura politica dell'impero e cercherà di dialogare come se la sua voce fosse all'unisono.

> Pertanto, per vivere, svilupparsi, raggiungere, come tutti desideriamo, un alto grado di cultura e sedere con onore tra i grandi popoli liberi e prosperi, il Brasile ha bisogno della religione cattolica in cui è stato battezzato. (COSTA, 1886, p. IX)

Il XIX secolo ha visto cambiamenti significativi nei vari contesti, con la Chiesa cattolica che ha affrontato una crisi acuta, la cui logica è stata quella di rimuovere la sua forza più autentica, che era il potere politico, che in altri tempi era consolidato dagli aspetti religiosi; la Chiesa cattolica ha perso gradualmente il suo potere. Utilizzando le osservazioni di Bourdieu, possiamo vedere che nella scena religiosa c'è un gruppo di persone dominanti che detiene un capitale simbolico, costituito da un insieme di regole, credenze, tecniche, tra le altre cose, e facendo uso di questo capitale simbolico, cerca di rimanere al potere, evitando la decapitalizzazione e attivando così una guerra simbolica che scoppierà tra i gruppi che vogliono affermarsi (BOURDIEU, 2007, p.57).

Gli ideali liberali provenienti dall'Europa all'inizio del XIX secolo crearono in Brasile un clima di grande tensione con gli ultramontani; l'apertura dei porti nel 1808 portò con sé molte idee che, come piccole fiamme, minacciavano di incendiare il Ceara e di trasformare così lo scenario brasiliano, che stava vivendo un momento di transizione dalla monarchia, dove la Chiesa cattolica era molto forte, alla repubblica della secolarizzazione.

Secondo José Murilo de Carvalho nel suo libro "A construção da ordem: A elite política imperial", si compirà un grande sforzo nel tentativo di implementare il sistema liberista in Brasile e ci si riuscirà gradualmente. Gli ideali liberali ebbero un profondo impatto sulla scena nazionale, cambiando la composizione dell'élite brasiliana e contribuendo a un lungo e costante conflitto non solo di idee, ma soprattutto religioso, in quanto indebolirono il dominio cattolico (DE CARVALHO, 1996, p.116).

Lo Stato di Grão-Pará, come era conosciuto all'epoca, era già un importante fornitore di caucciù e la sua élite locale era rafforzata dalle relazioni economiche e liberali che si erano instaurate. Il movimento di romanizzazione, il cui rappresentante era il vescovo Dom Macedo Costa, cercò di stabilire un concetto di governo nella provincia, guidato da sacerdoti, nel tentativo di avvicinare lo Stato a Roma, paralizzando il liberalismo e denigrando l'immagine dei suoi principali rappresentanti, i massoni.

Il liberalismo si accinse a decostruire ciò che restava del dominio cattolico, disarmando la Chiesa ultramontana e fondando la logica del sistema laico, che in Pará, come in altre parti del Paese, vide nella Massoneria un importante propagandista. Si aprì un campo di conflitto più ampio e in vari aspetti sociali questa lotta fu percepita con maggiore intensità e il discredito del dominio cattolico divenne evidente. La lotta politica tra cattolicesimo e massoneria divenne più evidente nella provincia di Grão-Pará e le due parti in conflitto articolarono le manovre in questo tentativo.

Tuttavia, i due prelati di Olinda e Pará non furono perseguiti per aver dato pubblicità a Bullas senza previa approvazione, ma per la serie di atti che compirono in violazione dei diritti dei cittadini. Lo affermò l'illustre Presidente del Consiglio, il Visconte di Rio Branco, in una

Nelle dispute tra la Chiesa cattolica e la Massoneria esistono numerose informazioni che ci aiutano a fare alcune considerazioni. Nel giornale O Liberal do Pará, pubblicato il 4 febbraio 1803, viene lanciata un'accusa contro il periodico "Boa Nova", controllato da Dom Macedo. Secondo l'accusa, in città circolava un pasquim non autorizzato, distribuito dai dipendenti della tipografia Boa Nova. I testimoni hanno identificato gli editori di questo pasquim come legati al vescovo Macedo Costa. In queste accuse, informazioni importanti e rilevanti ci aiutano a comprendere le particolarità sociali di Grão-Pará nel XIX secolo.

> [...] Fortunatamente Dio ha voluto che alcuni onorevoli cittadini potessero riconoscere e denunciare i due distributori, che lavoravano entrambi nella tipografia del periodico Boa Nova, di proprietà di Sua Eccellenza[a] . e uno dei quali era l'amministratore di quella tipografia e un collaboratore del giornale dei gesuiti![16]

Il giornale mette in dubbio che nemmeno la polizia abbia indagato sul caso di questo rapporto anonimo, che tra le altre accuse collegava i massoni ai portoghesi; senza considerare che il giornale O Liberal do Pará proteggeva gli interessi massonici dell'epoca, è possibile vedere in queste accuse questioni rilevanti; tra l'altro, la questione nazionalista che cercava di inserire Grão-Pará nell'impero brasiliano e la cabanagem mostrava che non era un compito molto facile, dato che Grão-Pará aveva un legame molto maggiore con il Portogallo che con la sede dell'impero, a causa della sua posizione geografica. Il desiderio di collegare i massoni con i portoghesi dimostra che c'era l'intenzione di mettere la maggioranza della popolazione, composta da persone oppresse dai portoghesi, contro i liberi muratori.

> Nipote Old Clothes, segretario dei massoni e di altre persone ambiziose.
> << Questi stranieri hanno l'ardire di chiedere l'espulsione dei nostri patrizi, e poi entrano nelle nostre chiese con il grembiule in testa, con la cazzuola in mano, per abbattere le nostre venerate immagini, bruciarle e gettarle al vento!
> << POPOLO! Volete essere governati da portoghesi senza fede, senza legge, senza patria? [...]

---

[16] IL LIBERALE DI PARÁ. Belém, 04 FEBBRAIO 1873, n. 28, p. 1.

<< LUNGA VITA ALLA NAZIONALITÀ BRASILIANA!
<< ABBASSO LA MASSONERIA!

ABBASSO I MASSONI PORTOGHESI![17]

Nell'opera di Elson Monteiro "Massoneria e abolizionismo in Pará", possiamo vedere alcune delle caratteristiche uniche che hanno guidato la questione massonica nella nostra regione. Monteiro ci informa che la Massoneria fu vittima di un sentimento di odio nei confronti del canonico Batista Campos durante il periodo del cabanagem, perché non fu accettato nell'ordine a causa del suo coinvolgimento nella rivolta, come sottolinea il barone di Guajará nel suo libro "Motins Politico".

> "Nel 1833, quando il celebre canonico Batista Campos fu proposto per l'adesione, il presidente della provincia, il tenente colonnello dell'esercito José Joaquim Machado de Oliveira, successore di Itapicurú-Mirim e membro di spicco della Loggia, contestò aspramente la proposta, che fu respinta. Disgustato da questo rifiuto, il canonico "cercò di mettere in guardia il popolo ignorante contro la Massoneria" (secondo le parole dell'illustre Barão de Guajará, nei suoi *Motins Politicos*).[18]

Secondo Monteiro (2009), la prima loggia massonica, chiamata Tolerância, si trovava all'angolo di Rua do Rosário, oggi Aristides Lobo, nell'antico Largo dos Quartéis. Il 7 gennaio 1835 fu distrutta e incendiata dai cabanos sotto l'influenza del canonico Batista Campos. Questo episodio dimostra che il cabanagem articolò diversi interessi contrari all'ordine massonico, costruendo molti complotti che fornirono le condizioni, nel prossimo futuro, perché Dom Macedo Costa si posizionasse con grande energia contro l'ordine, opponendosi allo Stato e contribuendo alla famosa "Questione religiosa".

Alla luce degli aspetti osservati, concludiamo che le specificità strutturali legate ai cambiamenti economici e culturali della Grão-Pará del XIX secolo, sovvenzionate dalle più svariate implicazioni sociali; derivanti dai processi economici, politici e religiosi, sommate alla formazione intellettuale e sacerdotale

---

[17] Ibidem.

[18] Articolo di Manuel Barata, pubblicato nel Boletim Oficial do Grande Oriente do Brasil (Bollettino Ufficiale del Grande Oriente del Brasile), 1911, pagine 867-869 - l'ortografia dell'epoca è stata conservata. Questo testo si trova anche nel libro dello stesso autore dell'articolo, -Formação Histórica do Parál, pubblicato dall'Università Federale del Pará nel 1973, pagine 335-337.

di Dom Macedo Costa, furono presupposti importanti per guidare le azioni del sacerdote in Amazzonia, dimostrando che egli usò tutto ciò che aveva a disposizione per decapitalizzare la Massoneria, che vedeva come il cattivo internazionale dietro la lotta contro il Cattolicesimo. Il processo di "demonizzazione" dell'ordine massonico prese forza e si sviluppò gradualmente con le azioni di Dom Macedo Costa.

In questo capitolo è stato possibile osservare molti elementi coinvolti nei conflitti religiosi che ebbero luogo nella nostra regione nel XIX secolo. Il liberalismo, sostenuto dalla massoneria, indebolì l'egemonia cattolica e contribuì alla nascita di un nuovo ordine sociale. La logica liberale si rafforzò nella provincia di Grão-Pará, sostenuta dall'economia del cauccù; il movimento ultramontano, con il suo rappresentante virile e audace, affrontò molte battaglie e si verificò una serie di litigi. Documenti, bolle e altri mezzi utilizzati dalla leadership cattolica mondiale servirono da supporto nel tentativo di indebolire l'ordine massonico e di impedire modifiche allo status quo già messo a rischio dalla logica liberale.

CAPITOLO 2: Il successo dell'impresa massonica nel Brasile del XIX secolo e la sua ramificazione in Amazzonia
fattori religiosi che aiutano il progetto massonico.

In questo secondo capitolo intendiamo dimostrare che dietro gli attacchi massonici c'era un significativo capitale religioso che contribuiva a realizzare i progetti massonici e che questo capitale dialogava perfettamente con la struttura religiosa dell'Amazzonia. L'installazione di un sistema che strutturasse la sottomissione tra i massoni era stata pensata fin dall'inizio del XVIII secolo attraverso la fondazione della Prima Gran Loggia in Inghilterra nel 1717, storicamente connessa al tentativo di risolvere i problemi di fatto legati alla monarchia degli Stuart[19] , che generò conflitti tra Inghilterra, Scozia e Francia; questo sforzo riorganizzò la Massoneria secondo i dettami britannici, legati a grandi interessi politici.

La chiave per creare un sistema di sottomissione che fungesse da aggregatore di interessi con la funzione di accentrare le persone attorno a un ideale fu raggiunta attraverso la missione specifica di creare un codice compilato a partire dagli Antichi Obblighi Massonici[20] , conservati nella memoria attraverso i miti di fondazione e l'oralità. Questo sistema fu così efficace che arrivò a funzionare come uno statuto per i poteri massonici[21] e finì per controllarli, che iniziarono a dialogare e organizzarsi attraverso di esso.

La costituzione massonica del 1723, organizzata dal pastore della Chiesa di Scozia, ministro della Chiesa presbiteriana di Londra e Maestro Venerabile della

---

[19] Gli **Stuart** formarono una dinastia che dominò l'Inghilterra per oltre 100 anni. Le loro azioni di governo iniziarono nel 1603 e furono la causa principale della Guerra civile inglese. Avevano origini scozzesi e una politica assolutista che trasformò la religione, l'economia e la società dell'Inghilterra.
[20] Le Antiche Cariche sono quegli antichi documenti giunti fino a noi dal XIV secolo in poi, in cui sono incorporate la storia tradizionale, le leggende e le regole e i regolamenti della Massoneria. Sono variamente chiamati "Manoscritti Antichi", "Costituzioni Antiche", "Leggende dell'Ordine", "Manoscritti Gotici", "Registri Antichi", ecc.
[21] Una Potenza Massonica è il nome dato all'organismo massonico che è il rappresentante nazionale della Gran Loggia Unita d'Inghilterra o di un organismo massonico anch'esso di carattere nazionale che ha un Trattato di Mutuo Riconoscimento con la Gran Loggia Unita d'Inghilterra ed è dichiarato da quest'ultima un organismo regolare.

Loggia massonica James Anderson, contribuì a tracciare una tradizione, istituendo una progenie mitica dell'Ordine che, secondo la trama scritta nei primi capitoli dello statuto massonico, inizia nel giardino dell'Eden con il primo uomo creato da Dio, con l'obiettivo di presentare una genealogia massonica, indicando Adamo come primo massone.

La proposta di James Anderson, astuta e audace anche se conteneva affermazioni teologiche fallaci, fu in grado di dare un senso all'ordine massonico e di raggruppare i suoi partecipanti intorno a una missione; il carattere divino dietro questa costruzione filosofica raggiunse molti aderenti, legalizzando il potere della Massoneria sui suoi partecipanti, anche se gli interessi erano diversi, la forza raggiunta dalla costruzione di un'identità massonica internazionale fu efficace nel costruire la sua organizzazione; osserviamo attraverso il bollettino del Grande Oriente del Brasile del dicembre 1871 che la carica religiosa contenuta adempì alla sua carica.

> La Massoneria è stata creata, come le associazioni misteriche dell'antichità in Egitto e in Grecia, per il perfezionamento morale dell'uomo. Nei tempi primitivi, i suoi simboli parlavano principalmente il linguaggio della religione e le porte del recinto sacro dove venivano insegnate le grandi verità morali non erano aperte a tutti. In mezzo a tutti i malintesi, la conoscenza del vero Dio rimase sempre intatta e le distinzioni artificiali della posizione del mondo furono gradualmente abbattute.
> Insegnando le virtù cardinali, la morale, la libertà di pensiero universale e l'indipendenza della ragione, il nostro Istituto non presta attenzione alla forma particolare del credo o degli articoli di fede.
> I massoni hanno sempre inculcato come loro principi che, per far sopravvivere i governi fondati sulla libertà del popolo, ci deve essere un patriottismo disinteressato negli uomini pubblici, la temperanza, che estingue gli eccessi del lusso e i vizi che esso produce, e la verità, come segno distintivo del carattere nazionale.[22]

La stesura della costituzione massonica fu molto importante, in quanto organizzò e strutturò gli interessi attorno a un ideale che, nonostante fosse un'impresa molto difficile, riuscì gradualmente a unire i vari interessi attorno a un'associazione nota come Gran Loggia d'Inghilterra, che regolava i poteri

---

[22] Boletim do Grande Oriente do Brasil: Rivista ufficiale della Massoneria brasiliana, pubblicazione mensile (RJ), numero 001, dicembre 1871, p. 5-6.

massonici, dando loro legittimità a partire dal XVIII secolo e attuando un sistema di obblighi che i massoni conoscono come "Antichi punti di riferimento".

La proposta di creare dei limiti, detti punti massimi, che non dovevano o non potevano essere superati, funzionava come un meccanismo di obbedienza alle tradizioni imposte, che acquistava ancora più forza ed efficacia attraverso alcune narrazioni bibliche, utilizzate dalla Massoneria in questo periodo come elementi di consolidamento nella regolamentazione dell'Ordine, oltre che per il suo mantenimento futuro: "Non rimuovere gli antichi punti di riferimento che i tuoi padri hanno fissato" (BIBBIA, Proverbi, 22, 28).

Per comprendere la relazione e l'intreccio con gli aspetti sociali presenti nella strutturazione e nell'organizzazione documentale della Massoneria del XVIII secolo in Inghilterra e successivamente in Brasile, prenderemo in prestito la teoria dei sistemi sociali di Niklas Luhmann, evidenziata da Frank Usarski nel suo libro Costituenti della Scienza della Religione, che analizza la società come un sistema formato da comunicazioni, in cui gli esseri umani non comunicano le loro opinioni in modo casuale e disgiunto.

Analizzando il farsi dello statuto massonico, possiamo notare che esso ha un enorme patrimonio religioso, che dialogava profondamente con i precetti della struttura sociale che lo sosteneva nel XIX secolo; in altre parole, c'era una base che fungeva da fondamento per le sue convinzioni. La Massoneria, attraverso i suoi aspetti religiosi, si riconciliava con la struttura sociale presente nel suo contesto e questa struttura, composta da vari sottosistemi integrati, dialogava tra loro, contribuendo al successo dell'impresa massonica.

> La società è caratterizzata come un sistema, composto e sostenuto da sottosistemi, ognuno dei quali svolge funzioni specifiche per conto del macrosistema [...] l'analisi di ogni sottosistema deve tenere conto del suo contesto strutturale. (USARSKI, 2006, p.12)

Osservando i punti più sottili dell'astuto artificio massonico presente nella comunicazione della Costituzione di Anderson[23] , la cui missione era quella di

---

[23] La Costituzione di Anderson - come è meglio conosciuta la costituzione che governa i massoni dal 1723 - è considerata il documento principale e la base giuridica della Massoneria Speculativa e ha gradualmente sostituito i precetti tradizionali che fino ad allora avevano regolato le attività della

organizzare il quadro massonico, vediamo che l'impresa è riuscita a causa di una forte struttura religiosa presente in quel contesto, che ha dato un sostegno sufficiente alle norme massoniche, poiché lo statuto conteneva un enorme carico di capitale religioso che era in linea con la struttura sociale in vigore, che forniva importanti sussidi per questa missione.

I valori religiosi presenti nella "Costituzione di Anderson", che come abbiamo visto era un importante documento creato per regolare l'Ordine massonico, raggiunsero spazi significativi all'interno delle società a cui aveva accesso, diffondendosi in tutte le nazioni attraverso i suoi ideali e la forza dei suoi obblighi. La Massoneria funzionava come una religione che guidava e controllava i suoi membri attraverso valori trascendenti che andavano oltre il pragmatismo espresso nei documenti scritti.

> Se viene alla luce un reclamo, il Fratello ritenuto colpevole deve accettare il giudizio e la decisione della Loggia (a meno che non si appelli alla Gran Loggia, che è il giudice appropriato e competente di tutte le controversie, alla quale deve rivolgersi, a meno che l'opera del Signore non sia ostacolata, e in tal caso si deve fare riferimento; inoltre non ci si deve mai rivolgere alla Legge in ciò che riguarda la Massoneria senza apparente necessità, ma alla Loggia. (Statuti massonici, James Anderson)

Il processo di unione massonica si consolidò in Inghilterra nel 1813, fondando intorno all'ordine un sistema di obbedienze che sarebbe stato compilato per gli altri Paesi e avrebbe regolato le attività massoniche secondo le linee inglesi, per cui ogni potenza massonica che avesse voluto avere un riconoscimento regolare e legittimo avrebbe dovuto utilizzare il modello sviluppato dagli inglesi, che legittimava i suoi membri dando loro una visibilità globale. I massoni integrati in questo sistema sarebbero stati riconosciuti in tutti i territori nazionali e internazionali, assumendo un'identità collettiva che li garantiva.

> La Massoneria del Cile, composta da Uffici simbolici di diversi riti, soggetti a giurisdizioni straniere, ha appena compiuto il primo passo verso la realizzazione della sua unità. Mto III- Juan de Dios Merino Benavente, Membro d'Onore della Sup.-. Conc- del SSob- GGr- Ilnsp- GGer- del 33° e ultimo grado del Rit- Ant- e Ace d'Inghilterra, Galles e le sue dipendenze, all'Or- gano di Londra, investito di pieni poteri da questo Alto Corpo, ha fondato e costituito in questo Or- gano

---

Massoneria Operativa.

l'8 di questo mese un Sup- Conc- del SSob- GGr- IInsp- GGer- per il Cile e le sue dipendenze con il titolo distintivo di Sup- Conc- del Cile- [....] desideriamo non solo essere riconosciuti da voi come una Mac- potenza, ma anche meritare il favore di corrispondere reciprocamente con voi. [...] (Assegnato). - J.de D. Merino Benavente, Gran Commendatore del 33° Grado [...] Al Supremo Consiglio del 33° Grado del Brasile. Visto e approvato e fraternamente raccomandato, 18 ottobre 1871.[24]

Il preambolo di quest'opera corrobora la comprensione della Massoneria, mostrando che dietro la stesura di una costituzione massonica c'era un interesse politico molto forte e ingannevole che ebbe successo grazie agli aspetti religiosi in essa contenuti. Il risultato di questi dialoghi, che comprendevano la costituzione massonica e la struttura sociale che forniva la base per l'obbedienza intorno all'organizzazione massonica cementata dal capitale religioso, fu senza dubbio importante.

Il Bollettino del Grande Oriente del Brasile del 1871, citato in precedenza, mostra che le potenze iniziarono a organizzarsi attraverso il "Rito Scozzese Antico e Accettato", coordinato dall'Inghilterra. Il bollettino afferma che il Brasile sponsorizzò il Cile nella sua affiliazione all'ordine inglese e che, di conseguenza, la massoneria cilena divenne riconosciuta a livello internazionale dall'Ordine. Un altro aspetto che il documento sottolinea è che il Brasile divenne un punto di riferimento per l'Ordine massonico in Sud America.

Analizzando il caso della massoneria brasiliana, ipotizziamo che il rito moderno francese non abbia avuto molto successo, perché secondo (TOURRET, 1975, p.59) il rito moderno francese che regnava in Brasile fu sostituito nel 1865 dal Rito Scozzese Antico e Accettato[25] . Il Grande Oriente di Francia, che controllava le attività massoniche in Brasile, cercò di secolarizzare la Massoneria eliminando l'invocazione del Grande Architetto dell'Universo dal rituale[26] . Questo

---

[24] Boletim do Grande Oriente do Brasil: Rivista ufficiale della Massoneria brasiliana, pubblicazione mensile (RJ) - dal 1871 al 1899, numero 001, ottobre 1871, p.30-31.
[25] Il Rito Scozzese Antico e Accettato, RAEAAAAA o semplicemente Rito Scozzese, è uno dei diversi Riti massonici. Un rito massonico è un insieme di specifiche e precetti utilizzati per praticare i rituali massonici. Descrivono il rituale, le procedure, elencano i segni, gli anelli, le parole e altre istruzioni segrete per il pubblico in generale.
[26] Il Grande Architetto dell'Universo è l'essere supremo o Grande Geometra, il titolo dato a Dio dalla

tentativo fallito di rimuovere il Grande Architetto dell'Universo (GADU) attraverso il rito moderno francese dimostrò che la base religiosa brasiliana era molto più forte e si impose sull'Ordine.

La Massoneria non è riuscita a svilupparsi con sufficiente plausibilità attraverso il vecchio rito, che negava gli aspetti religiosi legati alla guida del Grande Architetto dell'Universo, e che quindi ha avuto uno svolgimento incipiente, facendo sostituire il suo rito. Attraverso il "Rito Scozzese Antico e Accettato", la Massoneria raggiungerà un protagonismo più attivo nella società, riconciliandosi e sviluppandosi con maggior vigore attraverso l'utilizzo di strutture trascendenti che dialogano con la sua nuova posizione.

L'ingresso della Massoneria in Brasile, sebbene sia costituito da molti misteri e delucidazioni, che non forniscono una base soddisfacente per consolidare una data probabile del suo arrivo nel Paese, dovrebbe essere allineato con gli sforzi di alcuni storici che ritengono che la Massoneria sia arrivata nel Paese attraverso i francesi nel 1801 nel contesto della Congiura di Bahia e che la prima loggia massonica brasiliana fosse affiliata al Grande Oriente di Francia. Queste affermazioni ci aiutano a impostare le speculazioni intorno all'insediamento dell'Ordine massonico brasiliano.

Le prove vanno ben oltre le fonti scritte, anche se ci sono molte incognite dovute a fonti non sufficientemente attendibili che non forniscono indizi efficaci e precisi, è possibile studiare la Massoneria nonostante le barriere incontrate, possiamo costruire ragionamenti pertinenti come quello analizzato da Sidney Chalhoub all'inizio della sua opera "Visioni di libertà", dove l'autore racconta l'astuzia di un saggio di nome Zadig, che fu in grado di descrivere il cane perduto della regina e il cavallo del re, senza averli mai visti, solo attraverso gli indizi lasciati nella sabbia e altre specificità del percorso. Questa storia ci ispira a districarci tra i possibili eventi e a fare congetture su di essi.

> [...] vi giuro [...] che non ho mai visto la rispettabile cagna della regina, né il sacro cavallo del re dei re. Ecco cosa mi è successo: Stavo passeggiando nel boschetto dove poi incontrai il venerabile eunuco e

---

Massoneria. È al di là di ogni credo religioso, nel rispetto di tutte le sue pluralità. La fede in un essere supremo è un punto indiscutibile dei parametri di riferimento per essere iniziati alla Massoneria.

l'illustrissimo capo tribù. Notai nella sabbia le impronte di un animale e conclusi facilmente che erano quelle di un cane. Succhi leggeri e lunghi, visibili nelle ondulazioni della sabbia tra le tracce delle zampe, mi rivelarono che si trattava di una cagna con le mammelle sporgenti, e che quindi aveva partorito qualche giorno prima. Altre tracce in direzioni diverse, sempre segnando la superficie della sabbia accanto alle zampe anteriori, indicavano che aveva orecchie molto grandi; e poiché notai anche che le impronte su una delle zampe erano meno profonde di quelle sulle altre tre, dedussi che il cane della nostra augusta regina zoppicava un po' [...] (CHALHOUB, 1990, p.14)

In un'analisi bibliografica dell'ordine massonico, Elson Monteiro nel suo testo: *MAJONRY, POWER AND SOCIETY IN PARÁ IN THE SECOND HALF OF THE XIX CENTURY: 1850-1900* discute la storiografia responsabile della conoscenza delle note storiche relative ai massoni, Monteiro cita José Castellani un importante storico massone, il quale rivela che le fonti non sono sufficientemente sicure per garantire una datazione, il contributo più accurato da affermare è che il Brasile ai suoi inizi massonici era regolato dal rito moderno francese anche se il suo arrivo non è molto chiaro.

Secondo Castellani, esiste un periodo nebuloso nella storia della Massoneria in Brasile, a causa della totale mancanza di documenti storici, ma sottolinea che alcuni storici parlano dell'esistenza di logge in Brasile già dalla metà del XVIII secolo, evidenziando la presenza di logge a Bahia. L'autore, tuttavia, nega ogni credibilità a queste affermazioni, che diventano azzardate per la mancanza di qualsiasi prova documentale (MONTEIRO, 2014, p.26 apud CASTELLANI, 1993, p. 27).

La nostra ricerca ci ha portato a molte supposizioni che ci hanno aiutato a ipotizzare il motivo per cui il rito francese moderno non ha avuto successo ed è stato sostituito nel 1865 dal rito scozzese antico e accettato. È intrigante rendersi conto che secondo il Grande Oriente del Brasile, la Massoneria è un'istituzione essenzialmente iniziatica, filosofica, filantropica, progressista ed evolutiva, tutte queste caratteristiche sono allineate con il rito francese moderno, cosa ha portato al cambio di rito, visto che c'era un profondo legame tra queste essenze e la filosofia del rito francese?

La Massoneria proclama la prevalenza dello spirito sulla materia; si adopera per il miglioramento morale, intellettuale e sociale dell'umanità attraverso l'adempimento intransigente del dovere, la pratica disinteressata della carità e la costante ricerca della verità. I suoi fini supremi sono la libertà, l'uguaglianza e la fraternità, in altre parole, il suo tema dialoga senza soluzione di continuità con gli aspetti più intimi della Rivoluzione francese, per cui il matrimonio con il moderno rito francese sarebbe perfetto e non richiederebbe un cambiamento di rito come avvenne nel 1865.

Questo cambiamento di rituale è la prova di una caratteristica storicamente importante degli aspetti religiosi massonici che sovvenzionavano le sue attività. Questo evento riorganizzò la costituzione della Massoneria, enfatizzando il simbolismo massonico e strutturando le sue attività attorno al grande architetto dell'universo. La Massoneria si mimetizzò e dialogò con la struttura sociale brasiliana di quel periodo grazie al suo significativo capitale religioso.

La matrice religiosa della nazione fu perentoria nella scelta del rito massonico che, a differenza del Grande Oriente di Francia, era legato alla Gran Loggia Unita d'Inghilterra. Oltre a essere in sintonia con il sistema religioso del Paese, il Rito Scozzese Antico e Accettato era in grado di sponsorizzare e affiliare i protestanti grazie al suo aspetto spirituale, che secondo Vieira era ampiamente accettato perché valorizzava la Bibbia e dialogava con il misticismo protestante.

> "Il Rito scozzese mise la Bibbia sull'altare massonico. La Bibbia era chiamata "regola di vita" e le riunioni iniziavano e terminavano con citazioni bibliche, come fanno ancora oggi. In questo modo, il Rito scozzese predisponeva il seguace dell'ordine massonico a guardare alla Bibbia come a qualcosa di speciale, degno di rispetto e di essere propagato. Per questo non sorprende che i grandi difensori della Bibbia in Brasile nel XIX secolo, che proteggevano i venditori di Bibbie e lottavano contro gli ultramontani in loro difesa, fossero massoni" (VIEIRA, 1981, p.47).

Un'altra importante fonte di ricerca su questa spiritualità massonica è il mito di

Hiram Abif fa parte del rito di iniziazione della Massoneria, le cui origini leggendarie sono legate alla costruzione del Tempio di Gerusalemme su richiesta del re Salomone. Il mito di Hiram Abif subirà un processo di risignificazione, perché nella Bibbia non c'è un riferimento diretto a questo nome con il costruttore del tempio, l'informazione che esiste è che il re di Tiro chiamato Hiram aiutò Salomone inviando materie prime per la costruzione.

Ogni mito ha bisogno di essere giustificato e il mito di Hiram Abif, che fa parte dell'antico e accettato Rito scozzese, avrà la sua storia forgiata anche tra i massoni legati alla costruzione del tempio di Gerusalemme. Il personaggio Hiram, conosciuto come il re della città di Tiro, menzionato nel capitolo cinque di Secondo Samuele, inviò solo materiale e un uomo anonimo per aiutare Salomone con il tempio, ma non fu il re di Tiro il costruttore; un'altra citazione dal capitolo sette di Primi Re mostra Hiram come il figlio di una vedova della tribù di Neftali, un artigiano che maneggiava il bronzo e non un esperto costruttore come vuole il mito.

Non abbiamo trovato alcuna citazione biblica che colleghi direttamente Hiram Abif alla costruzione del Tempio di Salomone. Il significato costruito intorno allo scalpellino Hiram, che ha protetto il segreto della costruzione e l'ha pagato con la vita, diventando il prototipo del massone ideale che sosterrà i principi dell'ordine ad ogni costo, ha funzionato come meccanismo di legittimazione, collegandosi alle narrazioni bibliche per il sostegno che queste affermazioni potevano fornire attraverso i loro significati spirituali, rafforzando il potere dell'ordine massonico tra i suoi pari.

Si noti che la forza di questo contributo religioso attirò molti protestanti nell'ordine nel XIX secolo, perché non solo dialogava perfettamente con i principi che la massoneria difendeva, come la libertà, la fraternità e l'uguaglianza, ma aveva anche un forte legame con i dettami biblici; i due pilastri tanto apprezzati dalla massoneria, "Jachin e Boaz", presenti nelle logge massoniche, sono narrati nella Bibbia nel capitolo sette di Primo Re e sono descritti come sostegni di stabilità, tra gli altri significati che hanno dato origine a una serie di costruzioni teologiche mistiche su questi pilastri e sui loro usi spirituali.

Nel libro Scintille nelle stoppie secche di Betty Antunes de Oliveira, troviamo testimonianze di protestanti in fuga dalla guerra di secessione che, arrivati in Brasile a partire dal 1865, si stabilirono a Grão-Pará, Santarém e Santa Bárbara D'Oeste, nel comune di San Paolo, e che lo stesso luogo in cui si riunivano per il lavoro massonico fu riorganizzato per le funzioni protestanti; non c'era difficoltà a conciliare la pratica massonica e quella protestante tra le altre attività; si mescolavano e si amalgamavano in questa comunità battista che si stava formando in Brasile.

> In questo modo, c'era spazio per il culto, le feste, la scuola e le riunioni massoniche. I vari gruppi religiosi elaborarono uno schema per l'utilizzo della casa in modo che non ci fossero conflitti di interesse. Si riunivano tutti insieme quando c'era uno scopo comune (OLIVEIRA, 1985, p. 33).

La partecipazione dei protestanti all'Ordine massonico non prescindeva dai riti che se ne servivano, perché erano in dialogo diretto con i suoi principi. Il rito porta con sé aspetti sacri, un rito non è un anello mancante incastonato nel tempo, al contrario è una sorta di ponte tra quello che Eliade nel suo Trattato di storia delle religioni chiama *in illo tempore* e il presente che contiene l'archetipo (ELIADE, 1998, p.299); in altre parole è un collegamento tra un tempo più lontano che costruisce la matrice di significato e il presente che ha il significato già strutturato.

Ci rendiamo conto che il mito porta con sé tracce ben definite di sacro, come dice Barzan (2002), e che le tradizioni non seguono un circuito casuale, ma dialogano con una strutturazione trascendente molto pertinente che protegge l'essere del mito, aiutandolo a costruirsi nell'immaginario di coloro che favorisce. In questo modo, possiamo vedere la forza del sacro che guida il mito di Hiram Abif contenuto nel Rito Scozzese Antico e Accettato e che, per così dire, dialoga molto efficacemente con la struttura sociale brasiliana che si esprime anche attraverso il suo costrutto religioso.

> Il termine deriva dal latino *ritus*, il cui equivalente in greco è *thesmós* (in dorico *tehmós*) e il cui significato plurale è: "tradizioni ancestrali, regole, riti"... il rito carica il tempo, lo spazio e la casualità empirica di sacralità, cioè di rinnovata vitalità ed energia. Queste tre condizioni dell'esistenza sensibile hanno una disposizione intrinseca al cambiamento, alla dispersione e alla dissoluzione (BARZAN, 2002, p. 50).

Il mito di Hiram è utilizzato in massoneria come iniziazione al terzo grado. Il rituale racconta la storia di Hiram Abif, che fu messo sotto pressione da tre compagni affinché rivelasse la parola chiave che avrebbe costituito la password per accedere al grado di maestro. Poiché Hiram non rivelò la parola d'ordine, i suoi compagni lo uccisero con un colpo alla testa, ne nascosero il corpo ma, una volta arrestati, rivelarono dove si trovava il cadavere; questa storia viene teatralizzata nell'iniziazione di un massone del Rito Scozzese Antico e Accettato (R.E.A.A.) e ne costituisce uno dei quadri più importanti.

L'iniziazione di un massone, attraverso il rituale di Hiram Abif, trasferisce una missione ai suoi partecipanti. Attraverso questo rituale si percepisce la costruzione di una sorta di archetipo morale che si manifesta attraverso la fedeltà a un principio che nemmeno la morte è stata in grado di evitare; questa impresa consacra la morte in quella che Micea Eliade ha consacrato come ierofania, poiché c'è uno scopo singolare gestito dalla sua ripetizione, che prende forza dentro e fuori l'ordine massonico, suscitando una serie di illusioni consacrate come misteri.

> Va detto subito che l'esperienza religiosa della disomogeneità dello spazio è un'esperienza primordiale che corrisponde a una "fondazione del mondo". Non si tratta di una speculazione teorica, ma di un'esperienza religiosa primaria che precede ogni riflessione sul mondo. È la rottura operata nello spazio che permette la costituzione del mondo, perché è la rottura che scopre il "punto fisso", l'asse centrale di ogni orientamento futuro. Quando il sacro si manifesta attraverso una sorta di ierofania, non c'è solo una rottura nell'omogeneità dello spazio, ma anche la rivelazione di una realtà assoluta, che si oppone alla non-realtà dell'immensa distesa circostante. La manifestazione del sacro fonda ontologicamente il mondo. Nella distesa omogenea e infinita, dove non è possibile alcun punto di riferimento e dove quindi non può avvenire alcun orientamento, la ierofania rivela un "punto fermo" assoluto, un "Centro". (ELIADE, 1992, p.17)

La morte non può sconfiggere l'ideale presentato dal mito di Hiram, ed è per questo che la ripetizione del rituale a ogni iniziazione di un massone non è solo legata agli aspetti della tradizione, ma ha un legame diretto con la ripetizione di un archetipo che ho l'audacia di chiamare spiritualità massonica del Rito Scozzese. Nel trattato di Eliade sulla storia delle religioni, che ho citato prima, possiamo incrociare il percorso simbolico del mito di Hiram con la transustanziazione del pane e del vino e vedere elementi di unità tra le due proposte. Ciò che sta dietro al rito non è solo un ricordo, ma credo sia il carattere più intimo di ogni significato, l'aspetto spirituale.

> Non solo il tempo sacro che vede il mistero della transustanziazione del pane e del vino nel corpo e nel sangue del Salvatore è qualitativamente diverso, come enclave tra il presente e il futuro, dalla durata profana che si distingue; non solo questo tempo sacro è solidale con quello delle liturgie precedenti e successive, ma può anche essere visto come una continuazione di tutte le liturgie che si sono svolte dal momento in cui il mistero della transustanziazione è stato creato fino al minuto presente. (ELIADE, 1998, p. 316)

In Brasile, se guardiamo alla sua storia, ci rendiamo conto che la massoneria ha avuto un ruolo significativo, contribuendo a plasmare la struttura sociale attraverso il liberalismo, abolendo la schiavitù e aprendo le porte ad altre espressioni religiose per guadagnare forza nel territorio nazionale, come i protestanti, dato che nel XIX secolo la religione cattolica era obbligatoria; la massoneria inaugurò quella che divenne nota come la questione religiosa nel 1874, arrestando due vescovi di importanza nazionale, questi risultati dimostrano il prestigio e la posizione conquistata dai liberi muratori.

Quando nel 1865 la Massoneria passò dal "Rito Francese Moderno" al "Rito Scozzese Antico e Accettato", lo fece sotto la pressione della struttura religiosa brasiliana. La nuova struttura rituale contenuta nel R.E.A.A. può essere analizzata come il fattore trainante che ha aiutato la Massoneria a partecipare più efficacemente alla storia del Paese, diventando un avversario della Chiesa cattolica. Incrociando le fonti, ci si rende conto che ciò ebbe molto successo e che il "religare" del "Rito Scozzese" fu più protagonista degli aspetti rivoluzionari del "Rito Francese".Come dice (ELIADE, 1992, p.21), "il sacro è il reale per eccellenza", in altre parole, l'aspirazione dell'individuo a sperimentare il sacro è legata al suo interesse per la realtà oggettiva che fornisce un senso e non semplicemente in un tempo omogeneo e privo di significato; per fare questo, creerà tecniche di costruzione del sacro. La spiritualità massonica, legata al sacro, non nasce con la Massoneria mista legata all'esoterismo e alle pratiche spiritiche di oggi. Questa pratica spirituale ha un legame profondo e antico con il lavoro del "Rito Scozzese Antico e Accettato", che a partire dal 1865 è stato protagonista di molte attività in Brasile.Alla luce delle argomentazioni presentate, ci permettiamo di ipotizzare che la Massoneria brasiliana sia stata molto proattiva, dialogando attraverso il "Rito Scozzese Antico e Accettato", che aveva una natura più simbolica, utilizzando la Bibbia e mettendola in relazione con i suoi rituali. Questo rapporto tra la Massoneria e gli aspetti legati al "Grande Architetto dell'Universo" ha generato un'aura sacra che io chiamo spiritualità massonica, un fornitore di significato che ha dato un destino alla missione della Massoneria speculativa[27].

Il capitale religioso presente in Brasile, così come nel XIX secolo a Grão-Pará, attraverso la sua matrice religiosa, era legato al Rito Scozzese Antico e Accettato (R.A.A.R.) in modo sincronico; a differenza del "Rito Francese Moderno" che, a causa della sua ideologia illuminista e della posizione libertaria legata alla Rivoluzione Francese, che predicava la fine degli aspetti religiosi, non ottenne lo stesso risultato nel Paese.

La Massoneria è stata molto attiva nel XIX secolo, facendo della provincia di Grão Pará una base molto forte. La tesi di Alan Christian de Souza Santos "WHAT TO REVEAL? COSA NASCONDERE? PRESS & MASONRY AT THE END OF THE Nineteenth Century (PARÁ, 1872-1892)" mostra che l'Ordine massonico in Pará alla fine del XIX secolo arrivò ad avere una forte espressione nazionale e che il suo successo nel prendere piede richiese una costruzione simbolica molto efficace.

> In altre parole, dalla ricostruzione delle officine e soprattutto durante gli anni Settanta, l'istituzione massonica ha dovuto lottare per affermarsi in Pará. Il compito è stato reso più difficile dall'assenza di un passato glorioso e di figure storiche attraverso cui forgiare un'identità collettiva. Così, non solo era in gioco la capacità dei liberi muratori di costruire rappresentazioni, ma anche di costruire il proprio mondo sulla base di esse (SANTOS, 2011, p.48).

Concludiamo quindi che il successo della Massoneria e la sua costante attività nella società del XIX secolo, con azioni legate alla fine della schiavitù, alla secolarizzazione che ha tolto il controllo sociale dalle mani della Chiesa cattolica, tra le altre conquiste, è stato raggiunto attraverso gli aspetti religiosi presenti nella struttura della Massoneria, che dialogavano perfettamente con la matrice religiosa regionale, causando molti intrighi e persecuzioni per l'Ordine massonico.

Il vescovo Dom Macedo Costa, esponente del movimento di romanizzazione, divenne un feroce oppositore della Massoneria a causa del successo e del prestigio dell'ordine, attraverso varie critiche nei media dell'epoca, influenzando l'immaginario popolare a pensare che la Massoneria fosse "il tentacolo di Satana" e che tutto ciò che era ad essa collegato fosse votato al male; una disputa simbolica scoppiò tra la Massoneria e il Cattolicesimo in molte parti del mondo, dando origine a numerose controversie.

---

[27] Secondo il rituale dell'apprendista G.O.B. del rito brasiliano, la massoneria ha attraversato tre fasi distinte: la massoneria primitiva o dei misteri augusti, la massoneria operativa o dei costruttori dall'antica Roma al XVIII secolo, e la massoneria speculativa o attuale, iniziata nel 1717 con la fondazione della Gran Loggia di Londra.

CAPITOLO 3: CATTOLICI, MASSONI E PROTESTANTI NELL'AMAZZONIA DEL XIX SECOLO
Più che un gioco di potere, è un miscuglio di interessi.

In questo terzo capitolo, il nostro obiettivo è mostrare che l'esperienza storica della Chiesa cattolica non è stata in grado di fermare e impedire ad altri di appropriarsi del capitale simbolico religioso che controllava. Sebbene ci siano state molte azioni da parte della Chiesa nel tentativo di fermare questi gruppi, essa non è riuscita del tutto, lasciando spazio agli intrusi per i loro progetti. Le interazioni tra cattolici, protestanti e massoni trasformarono la struttura politica, sociale, religiosa ed economica del Paese, e ognuno dei soggetti coinvolti in queste dispute riuscì a proteggere il proprio ideale e a costruire i propri progetti futuri.

Anni di storia hanno contribuito al ripensamento mondiale della Chiesa cattolica, articolando progetti per trovare soluzioni che potessero contrastare i vari argomenti contro i suoi dogmi religiosi, indeboliti nel corso degli anni. I "germi" della Rivoluzione francese, che hanno provocato un cambiamento di mentalità, si sono aggiunti al discredito del potere religioso, derivante dalle articolazioni filosofiche dell'Illuminismo, che hanno generato impatti sociali significativi evidenziando le discussioni intorno al concetto di libertà e, soprattutto, di uguaglianza, hanno reso difficile il collegamento del trono con l'altare, richiedendo nuove articolazioni alla Chiesa cattolica.

Oltre a confrontarsi con filosofie esterne che minavano il suo dominio, il cattolicesimo dovette affrontare seri dibattiti teologici al suo interno, il che naturalmente non era una novità, dal momento che l'Editto di Milano del 325 d.C.[28] fu un precursore della nascita della Chiesa cattolica e della sua alleanza esclusiva con l'impero dei Cesari, e diversi concili successivi fornirono alla Chiesa una grande esperienza. Nel XIX secolo, la Chiesa cattolica mondiale lavorava al suo interno per combattere le dottrine teologiche del giansenismo, che si stava infiltrando

---

[28] Il 13 giugno 313, l'imperatore Costantino promulgò l'Editto di Tolleranza di Milano, che legalizzava il cristianesimo. Esso assicurava la tolleranza e la libertà di culto per i cristiani, estendendosi a tutto il territorio dell'Impero Romano.

sempre di più, generando divisioni interne.

Il giansenismo, che ebbe una forte influenza in Portogallo e si infiltrò in Brasile attraverso il governo di Marques de Pombal, generò vescovi sleali nei confronti del primato romano e sempre meno legati all'ortodossia cattolica. La proposta del marchese fu quella di sostituire la dottrina teologica gesuita cancellando l'influenza teologica del maestro Ignazio di Loyola attraverso il catechismo di Montepellier[29] , che indubbiamente portò a un forte impoverimento della centralità del potere religioso cattolico, collaborando con la mentalità della società liberale che rendeva impossibile l'armonia di idee, pensieri e azioni tra Stato e Chiesa.

La Chiesa cattolica brasiliana, avvolta da varie debolezze, si alleò con Roma per combattere questi e altri flagelli che minacciavano il suo controllo nel XIX secolo, inviando sacerdoti a studiare nelle scuole teologiche europee o portando prelati romani a insegnare nei seminari, stabilendo così nuovi legami con le direttive papali e la loro forza dottrinale. I sacerdoti brasiliani disciplinati dal priore romano furono dotati dei dogmi della Sede Apostolica e impararono a guidare il loro gregge secondo il principio della fedeltà ai dettami del pontefice, facendo di Roma la "Città Eterna".

> È quindi certo che lo avrete a Pará con il piroscafo che vi arriverà alla fine di novembre o all'inizio di dicembre.
> Sua Eccellenza il Reverendo[a] mi ha detto che il Reverendo[a] si recherà a Pará con il piroscafo che arriverà lì il 15. Padre Augusto Cullere, e il Rvd[a] . Padre Catrani, dottor inutruque jure. È un sacerdote dalla solida pietà e dalla fede ardente come quella dei romani. Questo illustre sacerdote accompagna il Vescovo da Roma ed è destinato al seminario, oltre che al quartiere Padre Thanby della diocesi di Nantes, di cui ha già parlato il nostro illustre amico di Maranhão, Padre Mourão.
> Uno dei prossimi voli porterà altri due sacerdoti altamente raccomandati ed encomiabili per le loro virtù e la loro illustrazione.[30]

---

[29] Ampiamente adottato nel XIX secolo per combattere le deviazioni introdotte, fu il catechismo utilizzato come fedele espositore del Catechismo Romano alla popolazione, e solo più tardi arrivò il cosiddetto Catechismo di San Pio X (che divenne il riferimento del Catechismo Romano adattato alla popolazione). Questo catechismo, ordinato dal vescovo della diocesi di Montpellier, fu creato all'epoca per combattere i catechismi influenzati dai gesuiti.

[30] GIORNALE DI PARÁ. Belém, 09 NOVEMBRE 1867, n. 255, pag. 2.

Come si legge nel giornale Pará, con l'arrivo di questi sacerdoti in Brasile si costruì un percorso di fedeltà al servizio papale; il Papa divenne molto più di un leader, diventando il vicario di Dio che, eseguendo gli ordini diretti del "Sovrano", non poteva essere affrontato o mancato di rispetto da nessun altro potere, come difese Pio IX nel 1854. La Chiesa cattolica brasiliana realizzò l'ideale romano facendo del Papa l'autorità centrale, il che ha plasmato l'atteggiamento religioso del XIX secolo.I gruppi di sacerdoti che si mettevano a disposizione dell'autorità romana, detti ultramontani "al di là dei monti", in riferimento alla dottrina politica cattolica che indicava Roma come sede dottrinale della fede cattolica, divennero sempre più evidenti; ci volle la pubblicazione del decreto numero 1.911 del 28 marzo 1857[31] per regolare le attività ecclesiastiche che stavano diventando sempre più autonome, rivelando la forza raggiunta dai vescovi.

Quando i vescovi ultramontani formati in Europa arrivarono in Brasile, assunsero ruoli di comando e quando si accorsero che i sacerdoti delle gerarchie inferiori non rispondevano alle loro aspettative, perché non rispettavano i valori cattolici consolidati, furono allontanati dai ranghi sacerdotali senza che i vescovi dovessero ricorrere al potere civile per giustificare le loro azioni, come imponeva il padroado.Il principio della "ex-informata conscientia" contribuiva a giustificare e rafforzare le decisioni dei vescovi, salvaguardando il loro operato come sovrano, poiché gli agenti episcopali non avevano bisogno di informare o giustificare la loro decisione all'imputato. I vescovi avevano l'autonomia di decidere sul loro corpo di lavoratori e anche se il potere civile aveva l'appoggio legale di

---

[31] È mio piacere, avvalendomi dell'autorità conferitami dall'articolo centodue comma dodici della Costituzione, decretare quanto segue. Art. 1: Il ricorso alla Corona: § 2 delle sospensioni e degli interdetti che i Vescovi, extragiudizialmente o - ex-informata conscientia - impongono ai Chierici per la loro rettifica e correzione.

Con questo principio, i vescovi acquisirono maggiore fiducia e autonomia. Questo potrebbe essere stato un altro fattore scatenante della "questione religiosa" che infiammò il Paese nel XIX secolo, generando un logoramento tra la corona e la Chiesa.

> Se i vescovi soggetti a sanzioni penali continuano a seguire ostinatamente la strada della disobbedienza e della ribellione e diventano sempre più riluttanti, è perché contano sull'obbedienza più servile di molti dei loro sacerdoti, che la conscientia ex informata trasforma in strumenti manovrabili da quei sacerdoti; finché i vescovi non potranno disporre a piacimento di questi strumenti - gli uomini - perderanno il potere che hanno e diventeranno soggetti alle leggi e alle deliberazioni dei tribunali legalmente costituiti: sublata causa tollitur effectus.
> È molto probabile che qualcuno definisca la nostra opinione assurda, ma se la pensiamo così è perché capiamo che ai grandi mali si devono applicare solo rimedi energici. Forse si potrebbe sostenere che la creazione delle diocesi era dovuta a un'urgente necessità pubblica, e sopprimerla sarebbe un errore deplorevole e un male per il Paese e per la religione.
> Ebbene, se il potere competente ha creato le diocesi esistenti, è stato per rispondere a questa esigenza, e sul presupposto che i vescovi ad esse preposti svolgessero alla lettera la missione loro affidata, predicando le loro sane dottrine e indirizzando il loro gregge nella giusta direzione; Ma poiché alcuni vescovi hanno tradito i loro doveri predicando al popolo dottrine pericolose, insegnando loro con la parola e con l'esempio a disobbedire formalmente alle leggi e al governo dello Stato, una necessità urgente, che è la salvezza dell'ordine pubblico, richiede la soppressione delle diocesi i cui vescovi si sono comportati in questo modo.
> Meglio un gregge senza pastori che lo liberino dalle grinfie dei lupi che con i lupi come guardie e guide.[32]

Il testo del Santo Officio mostra come i liberali massoni percepissero il rafforzamento dei vescovi che si ponevano come agenti al comando del Paese, volendo stabilire il modello gerocratico in cui la Chiesa era al di sopra dello Stato. Negli ultimi versi si nota il desiderio di eliminare i vescovi che, per i liberali, sembravano più "lupi che pastori che proteggono le loro pecore".

Il XIX secolo, soprattutto a partire dal 1860, quando il gruppo ultramontano si rafforzò in Amazzonia attraverso Dom Macedo Costa, fu teatro di diversi conflitti religiosi nel tentativo di rovesciare il modello regalista, che sosteneva che i diritti dello Stato erano al di sopra dei diritti della Chiesa. Il sistema di patronato non sarebbe stato in grado di controllare la Chiesa cattolica e di porla come agente pubblico pagato dallo Stato attraverso le consgruas[33] .

La forza raggiunta dai sacerdoti cattolici ultramontani si concretizzò e cominciò ad attirare l'attenzione dei gruppi che lottavano per i cambiamenti sociali legati al tanto desiderato progresso. Come sottolinea il giornale, la percezione del ruolo di primo piano svolto dalla Chiesa cattolica nel Brasile del XIX secolo e la difficoltà dello Stato di addomesticare efficacemente le decisioni cattoliche come auspicato dall'assenso reale, articolato dalla Costituzione del 1824, che obbligava qualsiasi determinazione papale a passare attraverso le decisioni dell'Imperatore[32]
.

Il testo prodotto dal giornale dimostra che i liberali massoni erano abbastanza forti da mettere in discussione il dominio cattolico protetto dalla legge costituzionale del 1824. I liberali suggerirono che il potere dei vescovi cattolici sarebbe stato distrutto dalle "disgrazie che hanno generato la nazione" a causa della disobbedienza civile portata avanti dai sacerdoti che non si sarebbero piegati alle leggi imperiali richieste dalla costituzione vergine. L'estratto del giornale "*sublata causa tollitur effectus*", che in portoghese significa "*soppressa la causa, cessa l'effetto*", mostra come i liberali massoni intendessero annientare i "sinistri effetti" legati ai principi cattolici ultramontani.

Comprendere le articolazioni e le manovre di questo gioco politico tra cattolici ultramontani e massoni liberali nell'attuazione dei loro progetti sociali, immersi nel contesto del XIX secolo in Amazzonia, è senza dubbio un compito indispensabile per una migliore comprensione degli aspetti religiosi che sovvenzionarono il XIX secolo. La pluralità di idee religiose e laiche ha dato forma a una dialettica specifica nella nostra regione, rendendola una vetrina sulla scena nazionale.

Gli interessi ultramontani erano legati alla trasformazione del Brasile in un episcopato romano, allo smantellamento di qualsiasi progetto sociale concorrente che cercasse di annullare il potere religioso, alla trasformazione del Brasile in un Paese laico legato a valori liberali il cui motore principale era il progresso. Cercare di evitare che i valori religiosi venissero scossi di fronte a uno

---

[32] Costituzione del 1824, art. 102, XIV.

47

scenario in continua evoluzione, che dall'arrivo della famiglia reale nel 1808 aveva portato molti cambiamenti trasformando la colonia in una metropoli temporanea che incrementava il flusso di nuove idee, era un compito estremamente difficile.

Il vescovo Macedo Costa, che dedicò quasi trent'anni della sua vita alla provincia di Grão-Pará tra il 1861 e il 1890, combatté attraverso giornali e opuscoli religiosi i tentativi dell'ordine massonico di trasformare lo "*status quo*", cambiando la logica sociale e religiosa che coordinava le attività cattoliche nella regione. La Massoneria, che fu senza dubbio la principale organizzazione coinvolta nella lotta per la strutturazione di una nuova identità nazionale, si scontrò direttamente con la Chiesa cattolica, condannando il suo discorso conservatore ultramontano e diventando il principale nemico dell'episcopato nella regione. I giornali cattolici si sforzarono di difendere i valori della Chiesa, come vedremo in seguito.

> Il nostro giovane liberanga andò infatti a lezione dai suoi maestri per demolire tutte le argomentazioni del cattolico; partecipò a una riunione politica, dove parlarono illustri oratori; ascoltò un'accesa discussione nella loggia massonica di Hamonia, e così preparato incontrò il nostro cattolico nella piazza del Palacio, e lì, appoggiati a un albero, ebbero la conversazione che qui riportiamo con la massima scrupolosa fedeltà.
> Liberanga: - Per allontanare le tenebre dell'ignoranza e della superstizione, causa efficiente di tutti i mali di cui soffre l'umanità, sono venuto oggi a darti la luce, povero cattolico pazzo e fuorviato!
> Catholicos: - Cos'è questa bella luce?
> Liberanga: Tolleranza universale, in particolare tolleranza religiosa in tutta la sua pienezza.
> Catholicos: - Rallenta. Signor Liberanga. Cosa intende per tolleranza?
> Liberanga: - Confesso che non sono stato definito da questo termine. Ma potete crederci: L'ho sentito ripetere da tutti i nostri uomini illustri nei discorsi pubblici, nelle riviste, nei giornali, nei club, ovunque.
> Catholicos: - Questo non giustifica la tua ignoranza, mio zoticone.
> È certamente comodo usare parolacce, che troviamo di moda, senza esaminarne il vero significato, ma è estremamente pericoloso dare eco a idee, di cui non si conosce il valore, per condannare il passato, distruggere il presente e inaugurare un futuro disastroso per la società.
> Il vostro principio di tolleranza non può essere la perfezione, perché tollerare significa subire o sopportare con pazienza un'azione o una causa malvagia che riteniamo di non dover punire per evitare un male maggiore. Le donne che si prostituiscono

sono tollerate, certi abusi sono tollerati. Quindi l'idea di tolleranza implica sempre la nozione di male.

Chi è che direbbe: il bene è tollerato, la verità è tollerata?

Se la tolleranza in tutta la sua pienezza, la tolleranza universale, è l'ultima sillaba del progresso, della civiltà, ne consegue che in un Paese ci sarà maggiore progresso e civiltà dove il bene e il male, la verità e l'errore, la luce e le tenebre vanno di pari passo.

Liberanga: - Ma tutti gli uomini sono fratelli, e se c'è questa battaglia tra l'errore e la verità, nascerà l'odio e ci faremo a pezzi a vicenda.

Cattolico: - La lotta è inevitabile, perché il sì contraddice essenzialmente il no. I cattolici non possono fare concessioni quando si tratta della verità, ma sono molto indulgenti nei confronti di chi vive nell'errore, e questo per il doppio principio cristiano - carità e umiltà. [...]

Chatolico: - Ho sentito: Il signor Vescovo si è sentito in coscienza di vietare la lettura di alcuni giornali nella sua diocesi, dove si diffondevano dottrine false, empie ed eretiche. Ebbene, tutti voi avete gridato al riguardo, insultandolo sui giornali, con vignette e minacciando addirittura di ucciderlo. È questa la tolleranza?

Ascoltate: Good News ritiene che nessun cattolico possa appartenere alla Massoneria, e lo ha detto in poche parole, promettendo in seguito di discutere i documenti della setta in tutta lealtà. Questo era sufficiente. Poi è arrivato il liberale con un'orribile diatriba, e ha chiamato l'autore dell'articolo - spirito maligno, reprobo, dannato, doudo spazzino, ipocrita, apostolo refalsudo, impostor damnado, escriptor infame, perveso, e mille altri epiteti orribili. È questa la tolleranza? [...]

Non tremate. Noi diciamo liberanga ogni tipo di insulto contro il Papa, il potere temporale, e se i cattolici mandano al nostro capo comune adesioni ed elemosine, voi fate saltare tutti i forzieri di guerra, suonate le vostre trombe. Se potete lodare Marat, Danton, Robespierre, Garibaldi e Victor Manoel, perché non volete che i cattolici mostrino il loro amore per il prete? Questa è tolleranza?

Il discorso del giornale cattolico "A Boa Nova", diretto da Dom Macedo Costa, utilizza la strategia di Platone creando un personaggio fittizio che nel pamphlet è conosciuto come

come "Liberanga", un termine peggiorativo legato agli ideali liberali, che secondo il giornale significava ogni tipo di insulto contro il Papa e il potere temporale. Il giornale mostra un giovane massone liberale che frequentava la loggia dell'armonia e che pensava di essere pronto a convincere un cattolico che gli ideali massonici erano la migliore opzione per la realizzazione del pensiero umano.

Il giornale cerca di dimostrare che il discorso del giovane "liberanga" era ingenuo e superficiale, non riuscendo a comprendere il vero significato della parola "Tolleranza" discussa a mezzo stampa come prova della maturità umana raggiunta con l'illuminazione della ragione; l'intero scopo del giornale analizzato è quello di dimostrare che i discorsi dei massoni sono superficiali e non possono servire da faro per indicare nuovi destini e negare le precedenti conquiste cattoliche. Il giornale cerca di giustificare l'azione del vescovo che proibisce ai fedeli cattolici di unirsi ai massoni e di manipolare i loro documenti.

Il discorso presentato come dialogo era in realtà un monologo, una strategia utilizzata per guidare il focus della conversazione, una sorta di tecnica socratica che rendeva la "liberanga" un soggetto senza voce, manipolando l'esito del discorso e giustificando il pensiero della maggioranza. Tutto questo trucco era legato al tentativo di legalizzare le pratiche cattoliche e svalutare i desideri liberali dei massoni. È chiaro che il giornale, in quanto meccanismo di comunicazione, proteggerà sempre gli interessi di chi scrive, ed è così che la stampa si batterà nel tentativo di proteggere i propri interessi.

In questa lotta tra cattolici e massoni liberali si aggiunse un nuovo elemento, creando una struttura sempre più complessa e dando vita al treppiede che nel Brasile del XIX secolo provocò molti cambiamenti nel panorama religioso. I protestanti che entrarono in Brasile come colporteurs a metà del XIX secolo si guadagnarono uno spazio nei "giornali profani" dei massoni, così chiamati perché non erano direttamente al servizio della Massoneria, difendendo gli ideali dell'ordine come facevano altri giornali massonici.

Questi giornali diedero voce ai protestanti per usare le loro munizioni contro la forza ultramontana cattolica, sfatando i suoi dogmi, i suoi principi di fede e mettendo in discussione la sua religione. I protestanti divennero una nuova arma a favore dei massoni e del liberalismo, agitando le onde di un mare che non era mai stato calmo e provocando grandi ondate, come si vede negli interventi sui giornali, che disturbavano i navigatori cattolici che, avendo navigato a lungo nel "mare dell'Amazzonia", non ammettevano concorrenza nella navigazione.

> Considerando, dice il vescovo Antonio, che il primo e principale dovere di un vescovo è quello di custodire la purezza della fede come una vigile sentinella, non permettendo che i principi dannosi dell'eresia e dell'empietà si diffondano tra i fedeli.
> Senza contestare la verità delle sue proposizioni, dobbiamo ricordare che in tempi passati Sua Eccellenza non era così precisa e rigorosa.
> nell'adempimento dei doveri del suo sacro ministero, o era animato da spirito di tolleranza, sostenendo una feroce polemica religiosa con un agente dell'American Bible Society. Ricardo Holden si definiva un emissario del protestantesimo.
> Per molto tempo pubblicò sul giornale Amazonas lunghi articoli di polemica religiosa, predicando i principi della Riforma di Lutero e attaccando la nostra santa religione con instancabile veemenza e ardore.
> Ricordiamo perfettamente che il ministro della Chiesa evangelica episcopale negli Stati Uniti ha negato i sacramenti dell'Ordine, della Penitenza e del Matrimonio, ha combattuto contro l'infallibilità della Chiesa, il dogma dell'Immacolata Concezione di Maria e ha sostenuto molte altre eresie con ammirevole tenacia.
> Volete sapere come ha proceduto il signor Antonio?
> Non vietò la lettura del giornale Amazonas, che dava spazio all'eresia e all'empietà, ma si rivolse ai più illustri sacerdoti della sua diocesi e si unì a loro nella lotta, affrontando il protestantesimo sulla stampa e sul pulpito.
> Tutti ricorderanno i servigi resi alla causa della religione in quell'occasione da padre Eutychio Pereira da Rocha, (oggi sospeso dagli ordini per un capriccio infantile) che la difese fino all'ultimo contro gli attacchi di Ricardo Holden, l'abile polemista....
> All'inizio del suo episcopato, il signor Antonio era meno intollerante di adesso.
> A sostegno di questa affermazione, vorrei citare le parole di Sua Eccellenza nel primo di una serie di articoli da lui pubblicati con il titolo - Polemiche religiose.[36]

Nel giornale "O liberal do Pará" del dicembre 1871 si legge che il missionario Richard Holden ebbe accesso al giornale e scrisse per lunghi periodi contro il dogma cattolico, negando i suoi sacramenti e puntando contro la regolamentazione del matrimonio attraverso la Chiesa cattolica. Il missionario divenne un forte oppositore, richiedendo al vescovo Macedo Costa e ai suoi alti prelati un'articolazione politica e teologica organizzata per contrastare le idee dell'accanito protestante che fomentava gli animi toccando i principi che muovono la fede cattolica.

Un'altra importante deduzione in relazione al giornale citato è direttamente collegata all'atteggiamento di Dom Macedo Costa che, secondo il giornale, risolse il confronto con il missionario protestante sviluppando ed elaborando discorsi più convincenti insieme ai suoi sacerdoti più laboriosi. Dom Macedo viene presentato come un articolista di idee, che le utilizza come migliore opzione per combattere le "eresie" del missionario, scrivendo sermoni sui giornali per convincere i lettori ad aderire alla logica cattolica. I giornali diventano strumenti di lotta e di potere.

Il discorso ha sempre avuto un grande potere, i greci sapevano che l'arte del discorso era fondamentale per rafforzare idee spesso "superficiali" come quelle dei sofisti, ma il buon discorso porta con sé il dominio, ha una forza legalizzante, fa materializzare le ideologie, può essere usato per emarginare una certa classe, discriminarla e cancellare la sua storia, e soprattutto è potere, che non importa da che parte si stia, fa una grande differenza. Avere accesso ai giornali, scrivere idee come quelle esposte da Richard Holden nel giornale dell'Amazzonia smantellava e rafforzava il potere, così la Chiesa non poteva lasciar correre l'affronto causato dai protestanti.

> Il discorso, come ci ha mostrato la psicoanalisi, non è semplicemente ciò che manifesta (o nasconde) il desiderio, ma è anche ciò che è oggetto di desiderio; e poiché questo è ciò che la storia non smette mai di insegnarci, il discorso non è semplicemente ciò che traduce le lotte o i sistemi di dominio, ma piuttosto ciò per cui si combatte, quel potere che possiamo afferrare, permettere di essere transustanziato e fare del pane un corpo. (FOUCAULT, 1996, p. 48-49)

Nel tentativo di favorire lo sviluppo della regione, Tavares Bastos puntò sull'immigrazione di americani ed europei in Amazzonia, attirando un gran numero di protestanti. Inoltre, Tito Franco, pur essendo un liberale che appoggiava la monarchia, contribuì a diffondere sui giornali testi di protestanti che iniziavano a guadagnare prestigio, come il discorso di Richard Holden citato nel giornale qui sopra. Sempre più missionari giunsero in Amazzonia con la missione di diffondere la loro fede e convertire le persone.

> James Henderson ha appena ricevuto due scatole di
> Bibbie, nuovi Testamenti, i Vangeli di San Matteo, Marco, Luca e
> Giovanni, e alcune storie morali e religiose dedicate ai giovani, e le
> venderà a prezzi molto bassi; e poiché ci sono persone le cui
> disponibilità economiche non permettono loro di spendere per questi
> libri, li darà loro gratuitamente.
> L'edizione della Bibbia pubblicata a Londra quest'anno,
> 1872, è molto ben rivista e riformata e adatta a sacerdoti e studenti,
> con varie traduzioni e riferimenti, secondo l'originale ebraico e greco.
> Gli uomini propongono e Dio dispone. Chi avrebbe
> pensato qualche anno fa che la Bibbia potesse essere venduta a Roma,
> accanto alle mura dell'Inquisizione, senza temere di essere bruciata
> dai santi figli di Loyola? Ma è vero, e tutti possono avere la parola di
> Dio senza paura. La luce si sta diffondendo in tutto il mondo e
> l'ignoranza e la superstizione evaporeranno come la rugiada del
> mattino ai raggi del sole.[37]

Ci rendiamo conto che il proselitismo ha guadagnato terreno con l'arrivo dei protestanti nella regione, che viaggiavano lungo i fiumi e le strade distribuendo e vendendo bibbie, così come altra letteratura che il più delle volte negava la dottrina cattolica. I distributori di Bibbie erano presenti sui giornali, pubblicizzando le loro offerte attraverso promozioni e omaggi per i meno favoriti. Sempre più spesso le spedizioni di Bibbie favorirono il proselitismo, che iniziò a disorganizzare la struttura di potere cattolica.

Nel 1860, James Henderson e lo scozzese Richard Rolden iniziarono le loro attività missionarie nella regione, con l'appoggio del Board of Missions e della Chiesa Episcopale degli Stati Uniti, oltre che dell'American Bible Society; James Cooley Fletcher, un amico di Tavares Bastos che divenne un agente di progresso e un collega di Dom Pedro II in Brasile, come sottolineato da (VIEIRA, 1929, p.65).).), si iscrissero a questa missione, sviluppando gradualmente la forza protestante; molti partirono per fare proselitismo, e il grande sostegno della Massoneria fu favorevole al movimento protestante, generando così un'alleanza massonico-protestante evidenziata dai giornali, che causò molti conflitti perché sfidava la logica cattolica.

Attraverso i giornali che circolavano in questo periodo, che erano il mezzo di comunicazione più influente e all'avanguardia, i discorsi accusatori da una parte e dall'altra sono significativi e indispensabili per comprendere gli intrighi tra

---

[37] IL LIBERALE DI PARÁ. Belém, 28 NOVEMBRE 1872, pag. 2.

cattolici, protestanti e massoni. Il giornale "A Boa Nova" (1871), ispirato alla direzione spirituale di Dom Macedo Costa e pubblicato settimanalmente, ritrovato negli archivi della Curia Metropolitana di Belém, permette di comprendere le intenzioni del vescovo che vedeva i massoni come nemici per rafforzare la logica liberale e appoggiare i protestanti nel loro tentativo di attuare il modello americano in Brasile.

> È un fatto ammesso da entrambe le parti in questa discussione che un uomo che entra nella Massoneria è ipso facto scomunicato dalla Chiesa romana. A nostro avviso, quindi, l'unica scelta possibile per l'uomo sincero e pio è quella di abiurare la Massoneria o di separarsi una volta per tutte dalla cosiddetta Chiesa, che gli proibisce di esercitare un diritto che egli ritiene naturale e sacro".[38]

Fu a causa di questo coinvolgimento con la Massoneria che padre Eutychio Pereira da Rocha, un importante prelato che scriveva sul giornale e difendeva i sacramenti cattolici, fu penalizzato e allontanato dal giornale "A Boa Nova". Il giornale era alleato dei parametri ultramontani che vedevano nella Massoneria i principali agenti e propagandisti della prassi liberale, che in tutto il mondo stava causando enormi danni al controllo cattolico.

L'obiettivo principale della collaborazione tra protestanti e massoni era quello di rovesciare il sistema cattolico, che secondo i liberali era arretrato e non dialogava con i cambiamenti sociali portati dalla modernizzazione. Tutti i tentativi del politico dell'Alagoas Tavares Bastos di aprire il bacino amazzonico alle grandi navigazioni e di ristrutturare il Paese con l'ingresso di americani protestanti trovarono il favore dei massoni, perché i valori protestanti, soprattutto quelli americani, dialogavano perfettamente con l'idea di progresso ricercata dai liberali massoni.

Tavares Bastos, che fu avvocato, politico, scrittore e giornalista, scrisse le sue idee in molti giornali e riviste del suo tempo. Era considerato un visionario perché voleva trasformare il Brasile in una potenza mondiale, prendendo a modello gli Stati Uniti e collaborando con il missionario Jhames Cooley Fletcher, che non risparmiò sforzi per convincere il Brasile che il successo degli Stati Uniti in termini

---

[38] IL GIORNALE DELLE BUONE NOTIZIE, 1871

di progresso era legato al protestantesimo. Nasce così la grande missione di aprire il bacino amazzonico alla navigazione internazionale e di rafforzare così i legami tra americani e brasiliani attraverso Grão-Pará.

Aprire le rotte marittime dell'Amazzonia alla navigazione internazionale non fu facile, poiché il cabanagem, nel suo trambusto separatista, generava "discredito" nazionale, e c'era il timore di perdere territori a favore degli americani che erano visti come filibustieri e che minacciavano di annettere la provincia di Grão-Pará ai loro territori. L'amicizia sviluppata con Dom Pedro II e la pubblicazione del libro "O Brasil e os Brasileiros" (Il Brasile e i brasiliani) di James Cooley Fletcher contribuirono ad avvicinare le due nazioni, rendendo possibile l'apertura del Rio delle Amazzoni alla navigazione internazionale, portando molti protestanti nella regione e interferendo con le ambizioni ultramontane cattoliche citate nel preambolo di quest'opera.

Jhames Cooley Fletcher, considerato un amico del Brasile, fu il perno di molte articolazioni, utilizzando le innovazioni tecnologiche sviluppate dalla sua nazione come propaganda per il progresso raggiunto dalla logica religiosa del protestantesimo. Fu l'organizzatore della spedizione Thayer[39] . Il legame tra Fletcher e Thomas Rainey, suo collaboratore nel comitato di redazione di "O Brasil e os Brasileiros" (Il Brasile e i brasiliani), aveva aperto le porte dei giornali per raccontare i vantaggi della navigazione internazionale sul Rio delle Amazzoni. Il dottor Rainey, un attivo proselitista protestante interessato alla concessione di esplorare la navigazione sui fiumi dell'Amazzonia che collegano gli Stati Uniti al Brasile, divenne un sostenitore dell'impresa liberale appoggiata dai massoni.

> Il cittadino statunitense Thoma Rainey propone di stabilire una linea di piroscafi tra il porto di questa Capitale e quello della città di New York, come Vostra Eccellenza[1] potrà vedere dai documenti presenti nell'archivio del Segretario. Se otterrà le concessioni che desidera dal Governo Imperiale a questo scopo, credo che le relazioni commerciali

---

[39] La Spedizione Thayer fu una spedizione in Brasile guidata dallo zoologo svizzero Louis Agassiz, che ebbe luogo tra il 1865 e il 1866 e consistette in una serie di fotografie di tipi razziali brasiliani a Rio de Janeiro e in Amazzonia. Costituì una delle principali documentazioni fotografiche del Brasile a metà del XIX secolo ed è attualmente conservata nella collezione del Peabody Museum di Harvard.

Le informazioni del giornale "13 de MAIO" rivelano che i protestanti si stavano interessando sempre di più a Grão-Pará, che era stata creata come porta d'accesso al Brasile, e l'impatto che questo avrebbe avuto sulla configurazione religiosa sarebbe stato ampio. I protestanti divennero una minaccia visibile per la fede cattolica, richiedendo alla leadership ultramontana una maggiore vigilanza e apprensione nelle questioni religiose. Tutte queste interazioni mostrate dai giornali dell'epoca non erano casuali, i protestanti e i massoni perseguivano gli stessi ideali e, poiché avevano la stessa mentalità, divennero forti concorrenti della Chiesa cattolica brasiliana, unendo le forze per conquistare spazio e realizzare i loro progetti.

I protestanti stavano guadagnando visibilità attraverso le loro inserzioni sui giornali e con la loro attività di proselitismo stavano diffondendo le loro dottrine nella regione amazzonica, diventando sempre più noti; impedire il successo dell'impresa protestante a Grão-Pará si stava rivelando un compito molto difficile, perché nonostante i vescovi cattolici ultramontani si sforzassero di impedirlo, importanti politici legati alla massoneria stavano sostenendo la missione degli zelanti missionari creando sovvenzioni per il loro lavoro, come riportato nel giornale sottostante.

> La proposta di Interpellanza. - Abbiamo chiesto a Padre Eutyqui Pereira da Rocha informazioni su due dichiarazioni rilasciate dal Gran Maestro Saldanha Marinho al Parlamento brasiliano e abbiamo ricevuto una risposta che speriamo non venga archiviata nel nostro periodico, poiché le nostre menti sono distratte da questioni più importanti.
>
> Ecco la risposta del delegato: di Gram Mestre Ganganelli, stampata nel numero 64 di Liberal do Pará:
>
> Non ha senso rispondere al primo punto dell'interpellanza della Buona Novella, né ha senso proporlo!
>
> Tutti, senza scandalizzarsi, erano consapevoli dell'inganno del signor Saldanha Marinho. E credo che, nel dubbio se fosse laureato o meno, preferisse elevarmi piuttosto che sminuirmi. - In dubiis pars tutior eligenda.
>
> Ora, questo dubbio o supposizione è naturale in chi mi ha conosciuto come insegnante di diritto ecclesiastico, e che discute in modo tollerante le questioni di questo diritto e del diritto civile.

---

[40] GIORNALE 13 DE MAIO. Belém, 19 MAGGIO 1855, p. 3.

Ma per rassicurare i dottori della Buona Novella, dichiaro di non essere dottore di nulla; e approfittando dell'insegnamento, dichiaro anche di essere un congo, come alcuni mi hanno chiamato.

La domanda era questa: Padre Eutychio ha un dottorato in qualche materia?

La risposta dovrebbe essere: Dichiaro di non essere un dottore di nulla. Ma il delegato del Maestro di Gram ha ricamato la causa in modo tale che il lettore lo prende quasi per un dottore, un tempo professore di diritto ecclesiastico, che discute con tolleranza di questioni di diritto ecclesiastico e civile.

Non si trattava di dire che non era un Conego, né di elevarlo o degradarlo, ma piuttosto di rivelare la frivolezza con cui il Gran Maestro Saldanha gestiva gli affari ecclesiastici del Pará.

Per non lasciare un punto oscuro, abbiamo alcune riflessioni da fare:

Nell'interpellanza abbiamo detto - scrivete pastori, perché nel riassunto del discorso del signor Saldanha Marinho pubblicato nel Diarios da Côrte era così, e solo nel suo discorso stampato nel Diario ufficiale c'era scritto "pastori corretti" Quando abbiamo scritto l'interpellanza, avevamo davanti agli occhi la trascrizione del discorso e non il testo, quindi non possiamo accettare l'errore.

Dare il potere di correggere gli articoli destinati alla stampa quotidiana o periodica non significa correggere gli articoli, tanto meno correggere i pastori.

Il Vescovo ha dato a Padre Eutychio il potere di correggere gli articoli di cui lui (Eutychio) era responsabile e che sono stati pubblicati in un giornale di questa città, ma questo non prova che Padre Eutychio abbia effettivamente usato il potere che gli era stato dato. È una buona idea che i direttori dei giornali abbiano questo potere, soprattutto quando gli articoli sono firmati.

Era padre Eutychio che apparentemente combatteva contro Holden, e il Vescovo aiutò la polemica con alcuni articoli, facendoli stampare attraverso l'intermediazione di un sacerdote che riteneva suo amico.

Questo fatto dimostra solo la modestia del Vescovo e la fiducia che ha riposto in un sacerdote fino ad allora insospettabile.

Il Vescovo non ha inferito su padre Eutychio con gli epiteti di empio, eretico, ateo, ma lui stesso è stato dichiarato separato dalla Chiesa per i suoi scritti e per aver aderito a una setta condannata dai Sommi Pontefici.

Il sacerdote che si fa un nome firmandosi Delegato: Do Gr.: M.: Saldanha Marinho, non può giustamente lamentarsi di essere considerato eretico ed empio.

La lettera del vescovo di Pará, pubblicata da padre Eutychio per avere la vana gloria di proclamarsi l'Aristarco del Bussuet brasiliano, sebbene dica il contrario, recita come segue:

"Reverendo amico e gentiluomo, vi do il potere di cambiare nel piccolo articolo che vi ho appena inviato qualsiasi allusione offensiva al signor Holden o a chiunque altro.

Non conoscendo la sua biografia, non ho avuto altra idea che affidarla a un solerte commissario o agente della Società Biblica. Vi chiedo quindi di cancellare gli articoli che ritenete sconvenienti, perché li ho scritti di getto e senza riflettere molto.

Le chiederei anche di correggere le parole "i greci chiamarono il Concilio Quinisextus", dicendo semplicemente "che fu chiamato

57

anche Quinisextus", in modo da non essere fuorviante. Nell'altro articolo, le chiederei di fare lo stesso, ma di apportare alcune modifiche in modo che non risulti troppo fuorviante. - + Antonio, Vescovo.[41]

Alle pagine due e tre del giornale "Boa Nova" c'è un ampio resoconto sul licenziamento di padre Eutíquio, un importante sacerdote la cui missione era quella di combattere il missionario Richard Holden. Con grande erudizione, il sacerdote scriveva per combattere le dottrine protestanti, decostruendo gli argomenti dei missionari. Il testo scritto da Dom Macedo Costa si configura come una difesa dalle pressioni di Saldanha Marinho[42] , che squalificava l'atteggiamento del vescovo nel licenziare Padre Eutíquio.

È da notare che la pubblicazione del giornale "Boa Nova" dimostrò che padre Eutíquio non voleva più combattere Hichard Holden, il che lasciò Macedo Costa molto deluso perché si rese conto che Saldanha Marinho aveva una grande influenza su padre Eutíquio e che era dietro le decisioni del prelato fedele agli ordini massonici. Questo estratto molto forte delle dimissioni di padre Eutíquio chiarisce il sodalizio tra massoni e protestanti, rivelando che la massoneria era contraria a difendere i missionari; il sacerdote in questione non veniva licenziato solo perché massone, ma perché eseguiva ordini contrari alla Chiesa cattolica e rivelando a chi di fatto prestava obbedienza, rinunciando pubblicamente ad attaccare i protestanti in articoli di giornale.

Dai discorsi dei giornali e dai legami tra massoni e protestanti si evince che nella dinamica delle relazioni sociali e religiose si stava delineando una nuova logica che si rivolgeva contro il cattolicesimo brasiliano. Nei giornali controllati dai massoni e in quelli controllati dai cattolici, gli interessi di ciascun gruppo divennero visibili; i cattolici, con il loro ultramontanismo, volevano trasformare il Paese in un conclave romano, mentre la maggioranza dei massoni era interessata a riconfigurare la nazione con una struttura più moderna e libera dal controllo ecclesiastico, e infine

---

[41] JORNAL A BOA NOVA, Belém, 2 aprile 1879, pag. 2 e 3.

[42] Maestro di Gram della Massoneria brasiliana, responsabile della loggia Vale do Lavradio, è stato un importante giornalista, sociologo e politico brasiliano. Come giornalista ha usato lo pseudonimo di Ganganelli ed è stato uno dei principali propagandisti del liberalismo.

i missionari protestanti si agganciavano ai giornali massoni, volendo impiantare la loro fede in Amazzonia, utilizzando gli Stati Uniti come modello di successo attraverso la logica del protestantesimo, che aveva aiutato la nazione a svilupparsi.

Massoni e protestanti cominciarono a percepire le loro affinità, anche la Bibbia era sacra e abitava gli altari massonici, i riti massonici dialogavano con i riferimenti biblici. Hiram Abiff rappresentato come massone ideale, teatralizzato come rito di passaggio per un nuovo massone nel Rito Scozzese Antico e Accettato si ritrovava nella Bibbia, le due colonne principali presenti negli ordini massonici (BOAZ E JACHIM) erano scritte nell'Antico Testamento, insomma non c'era alcuna difficoltà da parte dei protestanti ad aderire e far parte della Massoneria e tutte queste affinità contribuirono a collegare le due forze contro la Chiesa cattolica, rimodellando le dinamiche di sacro e profano e generando molti conflitti.

In base alle fonti, presumo che, a differenza di Macedo Costa, che riteneva che i protestanti fossero al servizio dell'imperialismo americano e volessero dominare l'Amazzonia e controllare la regione, e di David Gueiros Vieira, specialista nello studio dei protestanti e dei massoni, che ipotizzava l'esistenza di un complotto liberale tra massoni e protestanti per destrutturare la Chiesa cattolica, dove i protestanti erano le armi per questo scopo, usati come una pedina degli scacchi (VIEIRA, 1929, p.11).), crediamo che ogni gruppo abbia approfittato delle opportunità che si aprivano e abbia organizzato i propri progetti.

Le nostre osservazioni hanno concluso che inizialmente non c'era una cospirazione pianificata, articolata in uffici o tracciata in modo cartesiano. C'era una sorta di mistero in cui ogni gruppo, approfittando delle opportunità che si stavano aprendo, intrecciava le proprie attività e organizzava i propri interessi in modo da formare nuovi processi che avrebbero generato cambiamenti sociali, religiosi e politici, e tutti coloro che erano coinvolti in un modo o nell'altro guadagnavano o perdevano qualcosa in questi intrecci.

Conclusione

Il protestantesimo in Amazzonia del XIX secolo doveva molto alla Massoneria e il sostegno massonico offerto era in grado di fornire sussidi ai protestanti per raggiungere il successo. Secondo Vieira, questa alleanza aiutò il Brasile a svilupparsi e a progettare la sua storia. Riteniamo che l'unione tra Massoneria e Protestantesimo nel XIX secolo a Grão-Pará fosse inizialmente irragionevole e basata su somiglianze religiose simboliche, come la Bibbia, e che gradualmente abbia assunto obiettivi più grandi, dando forma a un'unione più solida che si proponeva di rovesciare la forza cattolica che lavorava contro il "progresso". Questa alleanza, contrariamente a quanto pensava Viera, non fu stabilita solo perché i protestanti rappresentavano un pericolo per il cattolicesimo locale; c'era qualcosa di più in questo legame, dato che l'ordine non solo finanziava la causa protestante, ma la accettava nei suoi ranghi.

La Massoneria non fu l'unica a cogliere i vantaggi prodotti dall'alleanza con i protestanti rispetto alla Chiesa cattolica; questa alleanza fu sfruttata anche dai protestanti che, raggiunti i loro obiettivi, intrapresero nuove strade, separandosi gradualmente dall'ordine massonico e seguendo un percorso diverso.

Reinhart Koselleck, uno storico che ha contribuito molto alle discussioni sulle teorie della storia, analizza gli eventi come una relazione tra passato, presente e futuro, decisa attraverso le esperienze e le aspettative, dove le esperienze si formano a partire dai ricordi costituiti dal passato e incorporati nella vita quotidiana, il passato che è diventato attuale, legato alle aspettative che sono gli aneliti del presente da trasformare in futuro (KOSELLECK, 2006, p.13).

I commenti di Koselleck ci aiutano a capire come si sia costituito il processo di "demonizzazione" che si è generato intorno alla Massoneria, guidato dai discorsi di Dom Macedo Costa, ritrovati negli archivi della Curia Metropolitana di Belém, rivelando così come siano stati proiettati diversi pregiudizi che ponevano l'ordine massonico come mandatario di Satana. In questo lavoro ipotizziamo, sulla base di fonti giornalistiche e di altre pubblicazioni dell'epoca, che la Massoneria abbia subito il processo di decapitalizzazione simbolica descritto da Pierre Bourdieu nel suo libro Symbolic Power.

Un'altra deduzione che abbiamo evidenziato in questo lavoro mostra che l'ordine massonico ebbe successo in Brasile e in altre parti del mondo grazie al suo quadro filosofico e politico, strutturato intorno a temi trascendenti che rivelavano ai massoni una "missione" in grado di superare i loro obblighi verso l'Ordine, elevando l'impegno di ogni membro massonico a livelli più alti, facilitando così la centralizzazione del potere. Il fattore trascendente implicito nella Massoneria dialogava efficacemente con gli aspetti religiosi presenti nelle società a cui si riferiva, attraverso il rito, il mito e lo statuto, che fungevano da facilitatori.

Infine, riteniamo che le relazioni conflittuali sviluppate nell'Impero tra cattolici, massoni e protestanti siano servite da faro per le successive decisioni politiche che avrebbero delimitato la stesura della Costituzione repubblicana del 1891, dove ogni gruppo coinvolto nelle dispute religiose del XIX secolo riuscì in qualche modo a esprimere il proprio interesse e a delimitare il proprio territorio nella Costituzione.

RIFERIMENTI

AZEVEDO, Eustachio J. Literatura Paraense. Belém, edizione ampliata, 1898.

AZZI, Riolando. Elementi di storia del cattolicesimo popolare. Revista Eclesiástica Brasileira, v. 36, Fasc. 141, mar. 1976.

BAENA, Antônio. Compêndio das Eras da Província do Pará. 2. ed. Belém: Universidade Federal do Pará, 1969.

BARZAN, Francisco García. Aspetti non comuni del sacro. San Paolo: Paulus, 2002.

BERGER, Peter. Il baldacchino sacro: elementi per una teoria sociologica della religione. San Paolo: Paulinas, 1985.

BIBLIO, A. T. Proverbi. In BIBLIO. Portoghese. Sacra Bibbia: Antico e Nuovo Testamento. Traduzione di João Ferreira de Almeida. 2ª . ed. São Paulo: Sociedade Bíblica do Brasil, 1993. p.584-585.

BOURDIEU, Pierre. O poder simbólico; traduzione di Fernando Tomaz (portoghese dal Portogallo). Rio de Janeiro: Bertrand Brasil, 1998.

. L'economia dello scambio simbolico. Traduzione: Sérgio Miceli. São Paulo: Ed. Perspectiva, 2007.

. Il potere simbolico. 10. ed - Rio de Janeiro; Bertrand Brasil, 2007.

BLOCH, Marc. Apologia della storia o Il mestiere dello storico. Rio de Janeiro: Jorge Zahar, 2001.

CÂMARA, Fernando. Dom Antônio de Macedo Costa - Un modello per l'episcopato del Brasile.t. XCIV (1980): 337-348.

CHALHOUB, Sidney. Visões de liberdade: uma história das últimas décadas de escravidão na corte. São Paulo: Companhia das Letras, 1990.

CONCEIÇÃO, Douglas Rodrigues. La religione sulla scena: prospettive di ricerca. Horizonte, Belo Horizonte, v. 9, n. 23, p. 883-896, ott./dic. 2011.

CORRÊA, Roberto Lobato. Regione e organizzazione spaziale. São Paulo: Editora Ática, 2003. 7ª ed. Série Princípios.

COSTA, Antônio de Macedo, vescovo di Pará, 1830-1891 (Lisbona : Lallemant Freres, 1886., 1886)

COSTA, Luiz Mário Ferreira. L'ANTIFREMMONERIA SVELATA: COSPIRAZIONI, PATTI SATANICI E COMUNISMO. Curitiba, 1 ed. Editora Prisma, 2016.

DE CARVALHO, José Murilo. A Construção da Ordem: a elite política imperial; Teatro das Sombras: A política imperial. 2.ed. Rio de Janeiro: UFRJ, RelumeDumará, 1996, 436 p.

DILTHEY, Wilhelm. La costruzione del mondo storico nelle scienze umane. Traduzione di Marcos Casanova. São Paulo: Editora Unesp, 2010.

ELIADE, Mircea. Trattato di storia delle religioni. São Paulo: Martins Fontes, 1998.

_____. Il sacro e il profano. São Paulo: Martins Fontes, 1992.

FLETCHER, James C. a FLETCHER C. apud VIEIRA 1980. p.170.

FOUCAULT, Michel. L'ordine del discorso. San Paolo: Loyola, 1996.

GEERTZ, C. L'interpretazione delle culture. Rio de Janeiro: Zahar, 1978.

GUIZOT, François [1864]. Histoire de la Civilisation en Europe depuis la chute de l'Empire Romain jusqu'à la Révolution Française. 8a edizione, Parigi: Didier.

HAHN, Carl Joseph. História do Culto Protestante no Brasil; traduzione di Antonio Gouyvê Mendonça . 2 ed.

HERVIEU-LÉGER, Danièle; WILLAIME, Jean-Paul. Sociologia e religione, approcci classici. Aparecida: Idéias e Letras, 2009.

KOSELLECK, R. Futuro passato: un contributo alla semantica dei tempi storici. Traduzione di Wilma Patrícia Maas, Carlos Almeida Pereira. Revisione della traduzione di César Benjamin. Rio de Janeiro: Contraponto/Editora PUC-Rio, 2006.

LUSTOSA, Mons. Antonio de Almeida. Dom Macedo Costa: Vescovo di Pará. Belém: Secult, 1992.

MAUÈS, R. Heraldo. Preti, sciamani, santi e feste: cattolicesimo popolare e controllo ecclesiastico. Belém, Cejup, 1995.

_____. (2011), "Un'altra Amazzonia: i santi e il cattolicesimo popolare". Norte Ciência, vol. 2, n° 1: 1-26.

MALHEIROS, Rogério Guimarães. Le trasformazioni politiche ed economiche della Provincia di Grão-Pará e la Scuola Normale come istituzione destinata a formare insegnanti in linea con gli ideali moderni di ordine, progresso e civiltà (1840-1871).

MONTEIRO, Élson Luiz Rocha. La massoneria e la campagna abolizionista in Pará: 18701888. 2009. 119 p. Dissertazione (Master in Storia) - Università Federale del Pará, Belém, 2009.

_____. Massoneria, potere e società in Pará nella seconda metà del XIX secolo 18501900. 1. ed. Belém: AÇAÍ, 2016.

NEVES, Fernando Artur de Freitas. Solidarietà e conflitto: Stato liberale e nazione cattolica in Pará sotto il pastorato di Dom Macedo Costa (1862-1889). Tesi di dottorato (Storia). São Paulo: Pontificia Università Cattolica, 2009.

. Romualdo, José e Antônio: vescovi nell'Amazzonia dell'Ottocento. Belém: Casa editrice UFPA, 2015.

OLIVEIRA, Betty Antunes de. Scintilla nelle stoppie secche; un contributo alla storia degli inizi dell'opera battista in Brasile. Rio de Janeiro: edizione dell'autore, 1985.

PENEDO, Francisco Ignacio de Carvalho Moreira, Barão de, 1816-1906 (Lisbona: National Press, 1887)

RIBEIRO, Boanerges. Il protestantesimo nel Brasile monarchico, 1822-1888: aspetti culturali dell'accettazione del protestantesimo in Brasile. São Paulo: Pioneira, 1973.

RODRIGUES, Dayane Damascena. Le controversie sulla diffusione del Vangelo protestante e le dottrine ultramontane di Dom Macedo Costa (1863-1873). Revista Brasileira de História das Religiões, v. III, p. 1-11, 2010.

RODRIGUES, D. D. ; NEVES, F. A. F. Protestanti in Amazzonia: Liti nel vescovado ultramontano di Dom Macedo Costa (1863-1873). História e-História, v.

SANTOS, Fernanda Reis. La festa di San Bartolomeo a Maragojipe (1851-1937). In: IV Encontro Estadual de História-ANPUH-Ba, 2008, Vitória da Conquista. Atti elettronici del IV Incontro Estadual de História-ANPUH-BA, 2008.

SANTOS, Alan Christian de Souza Cosa rivelare? Cosa nascondere? La stampa e la massoneria alla fine del XIX secolo (Pará, 1872-1892). 2011. Tesi di Master - Università Federale del Pará, Istituto di Filosofia e Scienze Umane, Programma post-laurea in Storia, Belém.

SARGES, Maria de Nazaré. Belém: Le ricchezze che produce la Belle Époque (1870-1912). 2.ed. Belém: Paka-Tatu, 2002.

SCHLEIERMACHER, F. D. E. (2005). Ermeneutica e critica; con un'appendice di testi di Schleiermacher sulla filosofia del linguaggio - I (A. Ruedell, trad.; P. R. Schneider, rev.). Ijuí (RS): Unijuí.

TOURRET, Fernand. Le chiavi della Massoneria. Rio de Janeiro: Zahar editores, 1975.

TURNER, V. La foresta dei simboli: aspetti del rituale Ndembu. Niterói: EdUFF, 2005

USARSKI, Frank: Costituenti della scienza della religione. Cinque saggi a favore di una disciplina autonoma. São Paulo: Paulinas, 2006.

VIEIRA, David Gueiros. Protestantesimo, massoneria e questione religiosa in

Brasile. Brasília, 2 ed. Editora da Universidade de Brasília, 1929.

WEBER, Max. Scienza e politica, due vocazioni. San Paolo: Casa editrice Cultrix, 1996.

_____. L'etica protestante e lo spirito del capitalismo. San Paolo. Martin Claret. 2003

WEINSTEIN, Barbara. La gomma in Amazzonia: espansione e decadenza (1850-1920). San Paolo: HUCITEC/Edusp, 1993.

Indice dei contenuti

Printed by Books on Demand GmbH, Norderstedt / Germany